나와 세상을 만나는

온작품
읽기

2

나와 세상을 만나는

온작품 읽기 ②

사회성을 기르는 그림책 여행

전국초등국어교과모임 연꽃누리 지음

Humanist

머리말

'나와 세상을 만나는 온작품읽기' 여행을 떠나며

2009년, 《그림책 읽는 즐거운 교실》(나라말)이 세상에 나왔다. 전국초등국어교과모임 시흥 작은 모임인 '연꽃누리'가 그림책 공부를 시작한 지 4년째 되던 해이다. 3년 동안 아이들과 그림책으로 살아간 이야기를 여러 선생님과 나누자는 큰 꿈이 결실을 맺은 것이다. 그 책은 아이들과 학교에서 만나는 아홉 달 동안 달마다 한 가지 주제를 정해서 공부한 이야기를 담고 있다. 3월에는 시작, 4월은 편견, 5월은 식구, 6월은 평화, 7월은 환경, 9월은 전통, 10월은 책, 11월은 예술, 12월은 고마움을 주제로 그림책을 정하고 활동했다. 주제를 중심으로 활동한 것이라 특정 교과 시간이 아니라 이 책이 나올 때는 '재량 시간'이라 불렸던 시간에 할 만한 수업이었다. 지금은 '창의적 체험 활동' 시간에 할 수 있고 혁신학교를 비롯하여 교육과정 재구성을 하는 곳에서 아주 유용하게 쓸 수 있다. 그런데 아쉽게도 이 책에 소개되었던 80권 정도 되는 그림책 가운데는 현재 절판되어 손에 넣을 수 없는 책이 많다.

　2014년에 《그림책 읽는 즐거운 교실 2》(휴머니스트)가 나왔다. 《그림책 읽는 즐거운 교실》이 《그림책 읽는 즐거운 교실 1》(휴머니스트)로 출판사를 바꾸어 나온 때는 2013년이다. 그림책과 가장 가까운 교과, 그림책을 가장 많이 볼 수 있는 시간인 국어 시간에 볼만한 그림책들을 담을 그릇이 있으면 좋겠다는 생각을 가지고 5년 동안 공부한 결과이다. 국어과 성취기준 가운데 여러 학년에 걸쳐 두루두루 나오는 아홉 가지를 뽑아서 국어 교과서가 아닌 그림책으로 하는 수업을 제안했다. 설명하기, 설명하는 글쓰기, 설득하기, 광고, 인물, 이야기 예측하기, 이야기 쓰기, 칭찬·사과·축하, 문법을 이야기할 때 멋진 짝꿍이 되길 바랐다.

2015년에 '연꽃누리'는 열 살이 되었다. 그동안 글쓰기, 시, 교육 도서 읽기, 동화 읽기, 활동지 만들기, 수학 수업 같은 여러 가지를 공부했고 공부한 내용은 해마다 달랐다. 하지만 그림책은 빠지지 않고 늘 함께했다. 새로 나온 그림책을 골라 와서 돌려 읽고 이야기를 나누고 감상문이나 비평문을 쓰기도 했다. 나름대로 수업을 짜서 그림책으로 수업한 이야기를 나누기도 했다. 그러다 1, 2학년 통합 교과에 '나'가 나오게 되었다. '나'에 대한 공부는 1~2학년 때만 하고 말 게 아니라 초등학교 6년 내내, 아니 평생을 해야하는 공부라는 데 한목소리를 냈다. 그래서 그림책으로 나와 세상에 대해 공부해 보자고 했다.

나를 제대로 아는 것은 참 중요하다. 내가 바로 서야 세상에서 바로 서서 살아갈 수 있다. 나라는 존재는 홀로 떨어져서 저기 멀리 따로 존재하는 것이 아니기 때문이다. 나를 안다는 것, 나를 키우고 가꾼다는 것은 어떤 뜻인지부터 이야기를 나누고 흐름을 잡아 나갔다. 그래서 '나와 세상을 만나는 온작품읽기 1'은 '자존감을 키우는 그림책 여행'이라는 부제 아래 여덟 가지 길로 나아가게 되었다. '이름, 겉모습, 소중한 물건, 소중한 사람, 좋아하는 것, 잘하는 것, 중요한 것, 되고 싶은 사람'이 여행지이다. 나보다 남이 더 많이 사용하는 이름에서도 알 수 있듯이 나에 대한 공부는 너에 대한 공부이고 우리에 대한 공부이다. 자신에 대해 잘 아는 것은 자신감과 자존감을 높이는 바탕이 된다. 자신의 여러 모습을 찾아보며 자신에 대해 조금 더 깊게 생각하게 되고 서로의 그런 모습을 인정해 나가기 때문이다.

'나와 세상을 만나는 온작품읽기 2'는 아이들이 만나는 세상에 대한 이야기로 많은 사람들, 다양한 생명들과 함께 살아가는 데 필요한 것을 이야기하고 있어 '사회성을 기르는 그림책 여행'이라는 부제를 붙이게 되었다. 아이들이 제일 먼저 만나는 세상은 가족이고 그다음은 친구이다. 가족과 친구에 대해 어떤 공부를 할 것인지를 정할 때는 그 세상에서 조금 더 필요한 것, 있으면 좋겠는 것을 떠올렸다. 그렇게 해서 나온 것이 가족과의 소통, 친구와의 배려이다. 가족과 친구를 넘어 더 넓은 세상인 어른과 어린이 사이에는 존중, 인간과 다른 생명들의 관계에서는 공존, 이 세상 모든 생명과는 평화, 사람들 사이에서는 인권을 중요한 이야깃거리로 잡았다.

앞서 나온 두 권의 책과 달리 모든 활동에 활동지를 만들어서 수업했다. 활동지는 학습지와 달리 수업의 흐름을 담고 있고, 말하기, 듣기, 읽기, 쓰기는 물론 여러 가지 표현 활동을 포함하고 있다. 수업하기 전에 활동지를 미리 보면 우리 반 아이들에 맞게 어떤 부분을 빼고 어떤 부분을 넣을지 판단하는 데 큰 도움이 될 것이다.

활동을 열어 주고 배움을 깊게 해 주는 그림책을 고르는 데도 정성을 쏟았다. 문학성이 높은 그림책을 고르되 최근에 나온 작품을 중심으로 골랐

다. 또 되도록 우리말의 느낌을 잘 살린 우리나라 작가의 작품을 고르려고
애썼다.

저학년 아이들과 고학년 아이들은 겪고 생각하고 표현하는 데 차이가 있
다. 물론 함께 할 수 있는 것들도 많다. 그래서 때로는 함께 활동하고 때로
는 저학년과 고학년으로 활동을 나누었다.

전국초등국어교과모임에서 '온작품읽기' 운동을 하자고 이야기한 후 지역
의 작은 모임들은 온작품읽기에 힘썼고 책을 출간하기도 했다. 우리 '연꽃누
리'도 그랬다. 온작품읽기로 만날 수 있는 여러 가지 작품 가운데 그림책을
골랐고 〈지식채널 e〉 영상이나 다큐멘터리, 동화책을 그림책 동무로 골라서
함께 읽었다. 온작품읽기를 할 때, 수업에서 사용할 텍스트를 고민할 때, 하
나의 흐름을 가진 활동을 만들고 싶을 때 이 책이 도움이 되면 좋겠다.

길을 열어 준 전국초등국어교과모임, 연꽃누리가 내는 책을 믿어 주고 기
다려 주신 전국의 선생님들, 세 번째 작업을 함께할 수 있게 도와주신 휴머
니스트 출판사에 감사의 말씀을 드린다.

2018년 2월
전국초등국어교과모임 연꽃누리

차례

머리말

'나와 세상을 만나는 온작품읽기' 여행을 떠나며 • 004

(하나) 잘 통했다 소통하는 가족

그림책 미리 보기 1 • 014

위대한 가족 | 되지 엄마

그림책 활동지 - 저학년 • 018 | **아이들 활동 엿보기** • 020

그림책 미리 보기 2 • 024

구두 전쟁 | 마이볼

그림책 활동지 - 고학년 • 028 | **아이들 활동 엿보기** • 032

함께 볼만한 그림책 • 041 | **수업 나누기** • 042

둘 보일 듯 말 듯 쓰는 마음 배려하는 친구

그림책 미리 보기 1 • 046

티나의 양말 | 시끄러운 밤 | 친구란 뭘까?

그림책 활동지 - 저학년 • 052 | 아이들 활동 엿보기 • 054

그림책 미리 보기 2 • 058

탄 빵 | 위를 봐요! | 토끼의 의자 | 이건 비밀인데…

그림책 활동지 - 고학년 • 066 | 아이들 활동 엿보기 • 068

함께 볼만한 그림책 • 077 | 수업 나누기 • 078

셋 나란히 걸어요 존중하는 아이와 어른

그림책 미리 보기 1 • 082

꼬마 이웃, 미루 | 까불지 마!

그림책 활동지 - 저학년 • 086 | 아이들 활동 엿보기 • 088

그림책 미리 보기 2 • 092

방긋 아기씨 | 엄마, 잠깐만!

그림책 활동지 - 고학년 • 096 | 아이들 활동 엿보기 • 100

부모님과 함께 하는 활동지 • 110
부모님과 함께 한 활동 엿보기 • 112
함께 볼만한 그림책 • 119 | 수업 나누기 • 120

넷 모든 생명과 손잡고 공존

그림책 미리 보기 1 • 124
나, 꽃으로 태어났어 | 똥으로 종이를 만드는 코끼리 아저씨 |
신발 신은 강아지 | 안녕, 폴 | 지구를 위한 한 시간
그림책 활동지 - 저학년 • 134 | 아이들 활동 엿보기 • 136

그림책 미리 보기 2 • 140
이빨 사냥꾼 | 내가 지구를 사랑하는 방법 |
잘 가, 안녕 | 지혜로운 멧돼지가 되기 위한 지침서
그림책 활동지 - 고학년 • 148 | 아이들 활동 엿보기 • 152

함께 볼만한 그림책 • 159 | 수업 나누기 • 160

다섯 정을 곁들이자 평화

그림책 미리 보기 1 • 164
만들다 | 평화란 어떤 걸까?
그림책 활동지 - 저학년 • 168 | 아이들 활동 엿보기 • 170

그림책 미리 보기 2 • 174
군화가 간다 | 꽃할머니
그림책 활동지 - 고학년 • 178 | 아이들 활동 엿보기 • 180

함께 볼만한 영상 • 189 | 수업 나누기 • 190

여섯 사람이 사람에게 인권

그림책 미리 보기 1 • 194

　　논다는 건 뭘까?

그림책 활동지 – 저학년 • 196 | 아이들 활동 엿보기 • 198

그림책 미리 보기 2 • 200

　　밀양 큰할매

그림책 활동지 – 고학년 • 202 | 아이들 활동 엿보기 • 204

함께 볼만한 책과 영상 • 213 | 수업 나누기 • 214

하나

잘 통했다

소통하는 가족

그림책 미리 보기 1

위대한 가족

윤진현 글 · 그림 | 천개의바람

서로 다른 동물들이 가족사진을 찍고 있다. 표정들이 사뭇 진지하다. 코 고는 소리가 우렁찬 천하장사 아빠는 사자로, 무슨 일이든 척척 잘하는 슈퍼우먼 엄마는 코끼리로, 한 번도 진 적이 없는 권투 선수 큰형은 캥거루로, 온 집안이 들썩이도록 우아하게 춤을 추는 발레리나 누나는 하마로, 무엇이든 쓱쓱 잘 그리는 화가인 작은형은 원숭이로 그려졌다.

책장을 넘겨 벽돌로 가득한 면지를 마주하는 순간, 뭔가 심상치 않은 내용이 나올 것 같은 예감이 든다. 저마다 너무나 위대해서 함께 있는 것이 귀찮아진 가족은 서로에 대한 벽을 쌓기 시작하고, 벽으로 둘러싼 성 안에서 저마다 홀로 지낸다. 그들은 정말 서로 통하고 싶지 않았던 것일까?

참다못한 막내 스컹크의 유쾌한 해결책이 그 답답한 정적을 깨면서 독자에게 웃음을 준다. 가족은 서로 다른 모습이어도 얼마든지 통할 수 있고, 서로 통할 때 위대하다는 것을 알려 준다. 그리고 그 '통함'의 시작은 사소한 '웃음'일지도 모른다.

저학년

막내가 가족의 연결 고리 같다. 막내가 걱정되어서 가족이 만나게 되었기 때문이다. 난 위대한 가족에게 "흩어질 때보다 함께 있을 때가 더 위대해요."라고 말해 주고 싶다. 우리 집은 그러지 않아서 다행이다. 방학 때 우리 가족은 '승경도'라는 보드게임을 하면 잘 통할 것 같다.¶

막내가 위대한 것이 없는데 방귀를 뀌어 위대해졌고, 가족이 슬플 때나 힘들 때 막내의 방귀만 있으면 해결이 된다. 나도 막내처럼 가족을 웃게 만드는 능력이 있으면 좋겠다. 우리 가족이 방학 때 하루만이라도 TV를 보지 않고 이야기를 나누며 내가 이것 때문에 좋고 이것 때문에 싫다는 걸 알아서 가족과의 사이가 더 좋아졌으면 좋겠다.¶

고학년

식구들과 소통하고 함께할 때가 가장 위대하다는 걸 알았다. 이제부터 집에 가면 매일 숙제를 해야 할 것 같다. 식구들과 매일 대화하기. 그런 것을 많이 하면 식구들에 대해 알 수 있을 것이다.¶

자신만의 틀에서 벗어나, 조금 부족해도 하나 둘 마음을 맞추면 진정한 가족이 된다. 위대한 가족은 너무나 위대해서 정작 가장 위대한 '사랑'을 잊고 살았는지도 모른다. 벽을 허물고 나와서 모난 부분은 깎아 내는 것이 진짜 위대한 가족이다.¶

되지 엄마

김이자 글 · 한상인 그림 | 단비어린이

제목부터가 흥미롭다. '되지 엄마? 돼지 엄마라고 해야 하지 않나?', '뚱뚱한 엄마인가?', '책 제목이 잘못 나왔나?' 등의 생각을 하게 된다. 하지만 다 읽고 나면 제목이 왜 '되지 엄마'인지 알게 된다.

"엄마(또는 아빠), 이거 해도 돼?"라고 물었을 때 "되지, 되지. 그래도 되지."라는 대답을 들을 수 있는 어린이기 얼마나 될까? 여기, 졸리지 않지만 억지로 자야 하는 한 아이가 있다. 엄마는 "이제 자야 할 시간이야!"라며 불을 끈다. 그런데 아이가 잠에서 깨어 일어나 보니 엄마가 평상시와는 전혀 다르게 행동을 한다. '엄마, 유치원 안 가면 안 돼?', '조금만 더 자면 안 돼?', '밥 안 먹으면 안 돼?' 누구나 마음속으로든 실제로든 한 번쯤 해 보았을 질문들에 엄마는 모두 "되지, 되지. 그래도 되지."라고 답한다. 유은경의 시 〈희망 사항〉을 그림책으로 보는 듯하다. 이 얼마나 꿈꾸던 상황인가! 그런데 아이의 마지막 질문인 "엄마, 나 이제 자면 안 돼?"라는 질문에 '되지 엄마'는 큰 소리로 "안 돼!"라고 외친다.

안 되는 것이 많아 지친 아이들에겐 속이 뻥 뚫리는 느낌을 주고, 어른들은 자신의 아이에게 "안 돼."라는 말을 평소에 얼마나 많이 하는지 되돌아보게 한다. "안 돼!"라는 말만 듣다가 "되지."라는 말만 듣는다면 어떨까? 아이의 입장에서 생각해 볼 수 있도록 해 주는 그림책이다.

이 책에서 엄마는 뭐든지 "해도 되지."라고 말한다. 그런데 아이가 "엄마, 나 자도 돼?"라고 물어봤을 때 "안 돼!"라고 했다. 나는 왜 엄마가 다른 건 다 되는데 자는 건 안 된다고 했는지 궁금하다. 그리고 아주 나쁜 장난 같은 것도 왜 다 된다고 했을지 궁금하다. 나도 뭐든지 "그럼 되지."라고 말해 줄 수 있는 엄마가 있으면 좋겠다.¶

엄마가 다 "되지."라고 말해서 부럽다. 그런데 다 된다고 하면 그 아이의 행동이 안 좋을 것 같다. 그리고 허락 안 받아도 되는 것도 있다. 예를 들어, 아이스크림을 먹는다거나 그림을 그린다거나 등등이다. 그래도 자기가 엄마한테 다 허락받고 하니까 바른 어린이 같다. 그리고 마지막 장면까지 다 된다고 할 줄 알았는데 안 된다고 하니까 왜 안 되는지 궁금하다.¶

되지 엄마는 계속 "되지." "당연히 되지."라고만 얘기했다. 아이가 잘못을 하건 안 하건 말이다. 하지만 마지막에 아이가 엄마한테 자면 안 되냐고 했을 때 왜 안 된다고 했는지 궁금했다. 그리고 아이가 무슨 일을 하건 계속 된다 했던 엄마가 무책임한 것 같다.¶

우리 엄마도 그렇게 말씀해 주셨으면 좋겠다. 그러면 양심에 찔려서 내가 스스로 씻고 먹고 숙제할 것 같다.¶

그림책 활동지-저학년 <u>잘 통했다</u>

1 그림책 《위대한 가족》을 감상해 보세요.

2-1 김미혜의 시 〈말이 안 통해〉를 감상해 보세요.

엄마, 토끼가 아픈가 봐요.
쪽지 시험은 100점 받았어?

아까부터 재채기를 해요.
숙제는 했니?

당근도 안 먹어요.
일기부터 써라!

2-2 가족들과 잘 통하지 않는 부분이 무엇인지 써 보세요.

누구	통하지 않는 부분

3-1 그림책 《되지 엄마》를 감상해 보세요.

3-2 부모님이 "해도 돼", "해도 괜찮아"라고 말해 주었으면 하는 것을 써 보세요.

    ①

    ②

    ③

3-3 내가 쓴 것들을 읽어 보고 까닭을 말해 보세요.

3-4 (부모님께) 아이의 이야기를 들어 보시고, 아이가 쓴 것 가운데 "해도 돼"라고
    말씀해 주실 것을 골라 보세요. 안 된다면 까닭을 말씀해 주세요.

4 활동을 통해 배우고 느끼고 깨달은 점을 써 보세요.

아이들 활동 엿보기

■ 김미혜의 시 《말이 안 통해》를 감상해 보세요.

• 말이 안 통해서 답답하다.

• 엄마가 너무 공부만 강요하는 것 같다.

• 아이는 토끼 얘기를 하고 있는데 엄마가 다른 말을 한다.

• 서로 혼잣말하는 것 같다.

• 말을 좀 들어 주세요.

• 서로 기분이 안 좋을 것 같다.

■ 가족들과 잘 통하지 않는 부분이 무엇인지 써 보세요.

누구	통하지 않는 부분
엄마	• 내가 '아동 요리'에서 만든 음식을 보여 드렸는데, 엄마는 학원 갔다 왔냐 하셨다. • '힘들어서 소파에 앉아 쉬려고 했더니 숙제하라고 했다.
아빠	• 내가 키즈카페 가고 싶다고 하니까 그냥 밥 먹자고 하셨다. • 주스 먹어도 되냐고 했는데 약 먹으라고 했다. • 나는 갯골생태공원에 가자고 하고 아빠는 산에 가자고 했다.
언니	• 나는 갈비 먹고 싶은데 언니는 곱창 먹고 싶다고 했다.

■ 부모님이 "해도 돼", "해도 괜찮아"라고 말해 주었으면 하는 것을 써 보세요.

• 마음껏 뛰어도 돼.

- 하루 동안 학원 안 가고 놀아도 돼.

- 자도 돼.

- 공부 안 해도 되지.

- 틀려도 괜찮아.

- 공부 안 하고 만화 봐도 돼.

- 핫케이크 만들어도 돼.

- 우리 집에서 친구랑 자도 돼.

- 컴퓨터 해도 돼.

- 놀이동산 가도 돼.

- TV 틀어도 돼.

- 클레이와 지우개 사도 돼.

- 밖에서 늦게까지 놀아도 돼.

- 아이스크림 세 개 먹어도 돼.

- 방방 타러 가도 돼.

- 과자 열 개 먹어도 돼.

- 아무거나 만들어도 돼.

■ **(부모님께) 아이의 이야기를 들어 보시고, 아이가 쓴 것 가운데 "해도 돼"라고 말씀해 주실 것을 골라 보세요. 안 된다면 까닭을 말씀해 주세요.**

- 정민아, 학원 안 가도 돼. 학교 다니는 날마다 피아노 학원을 가야 해서 힘들구나. 그럴 때는 하루 정도는 안 가도 된단다. 학원 가는 것보다 더 중요한 일이 있다고 생각되는 때도 안 가도 된단다.

- 세준아, 지우개는 몇 개 사 놓을게. 클레이는 너무 많이 만들어 놔서 나중에 사 줄게.

- 채운아, 하루에 한 시간은 게임해도 돼. 하지만 공부는 해야 해. 이유는 채운이가 앞으로 더욱 훌륭한 사람이 되기 위해서 해야 하는 거야. 놀이동산은 주말에 날짜를 정해서 가자.

- 준영아, 핫케이크 재료 사 와서 만들어도 돼. 치킨은 주말에 시켜 먹어도 되고. 하지만 외식은 우리 가족이 정한 날, 그러니까 아빠랑 상의해서 정한 날에 할 거니까 당장은 안 된단다.

- 홍현아, 핸드폰이랑 만화 보는 건 해도 돼. 하지만 시간을 정해서 하도록 하자. 그리고 학원은 아플 때나 특별한 경우에만 안 가고 친구랑 우리 집에서 자는 건 주말에 해도 돼.

- 지윤아, 집에서 휴대폰을 너무 자주 하는구나. 시간을 정해도 시간을 어기고, 음악도 초등학교 3학년 아이에게 맞지 않는 노래를 듣기 때문에 휴대폰을 아침 시간에 보는 것은 반대란다. 그리고 아이스크림은 한 개만 먹는 거야. 두 개 이상 먹으면 배탈 나. 말 잘 들으면 방방이 보내 줄게.

- 민아는 친구랑 노는 걸 참 좋아하는구나. 친구들이랑 놀고, 시간 약속은 잘 지켜 줘. 두 시간만 놀아. TV 시청과 놀기는 시간을 정해서 하면 괜찮아. 하지만 핸드폰은 되도록 안 했으면 좋겠어. 시간을 정해도 절제가 안 되고, 많이 보면 시력도 안 좋아지니 핸드폰은 안 된다고 생각해.

■ **활동을 통해 배우고 느끼고 깨달은 점을 써 보세요.**

- 안 되는 것과 될 수도 있는 것을 알 수 있었다. 아직 엄마가 무엇이 되는지 써 주시지는 않았지만, 엄마가 내 생각을 읽고 딱 하루만이라도 하게 해 주셨으면 좋겠다.

- 세 개는 되고 한 개는 안 돼서 아쉽고, 어떤 게 되고 어떤 게 안 되는지 알겠다. 말이 통했다. 난 엄마가 다 안 된다고 하실 것 같았는데 내 예상이 빗

나갔다. 엄마가 망설임 없이 흔쾌히 된다고 하셨다.

- 엄마가 해도 되는 것에 두 개나 적어 주실지 몰랐는데 내가 원했던 대답이 었다. "안 돼!"라고 하실 것 같았는데…….

- 엄마가 내가 말한 것을 들어주어서 고맙고 재미있다. 우리 엄마는 역시 '되 지 엄마'이다.

그림책 미리 보기 2

구두 전쟁
한지원 글·그림 | 한림출판사

표지 분위기가 심각하다. 제목도 '구두 전쟁'이다. 화살엔 "딴 엄마들은 다 사 준단 말이야!" "그냥 있는 거 신어!"라고 적혀 있다. 어떤 전쟁인지 대강 감이 온다.

　한 장 넘기자마자 구두 모양으로 '구', '두'라는 글자를 만들어 놓은 것이 보인다. 얼마나 구두를 갖고 싶었으면 자동차, 횡단보도, 빌딩, 심지어 유모차조차 구두로 보인다. 그래서 그 구두만 있으면 세상에서 가장 착한 어린이가 될 수 있고, 양파, 당근, 심지어 물컹한 가지도 먹을 수 있단다. 하지만 엄마도 만만치 않다. "이번 마지막, 딱 한 번만 구두를 사 주세요." "안 돼!" "엄만 다 사잖아." "그냥 있는 거 신어." "딴 엄마들은 다 사 준단 말이야." "엄마한테 구두 맡겨 놨니? 지금 맨발로 다니니?" "나만 없는데." "그렇게 부러우면 그 집 가서 살든가." 읽는 내내 육성으로 재생이 되고 터져 나오는 웃음을 주체할 수 없다.

　그런데 아뿔싸! 구두 타령을 한 날이 엄마 생일 줄이야! 엄마와 아이는 어떻게 화해를 할까? 집에서 흔히 볼 수 있는 불통의 한 지점을 유쾌하게 그려 냈다. 아이들은 기가 막히게 다음에 엄마가 무슨 말을 할지 알아맞힌다. 화살에 작은 글씨로 적힌 말을 읽는 재미도 쏠쏠하다.

서로 자신의 입장만 생각하고 자기가 바라는 점만 생각하면 마음을 모을 수 없다는 것을 잘 보여 주는 것 같다. 무작정 해 달라고만 하면, 또는 안 된다고만 하면 서로 미움만 커지는 것 같다.

엄마는 자신의 생일에 아이가 구두를 사 달라고 했을 때 기분이 어땠을까?

이 책에 나온 말들은 모두 내가 엄마한테, 엄마가 나한테 했던 말들인 것 같다. 그래서 공감이 더 잘 됐다. 마지막에 엄마가 아이에게 구두를 사 주는 걸 보면, 엄마는 아이를 사랑하고 있는 것 같다.

아이들은 자신이 원하는 것이 있으면 사 달라는 말이 저절로 나오는 것 같다. 아마 대부분의 아이들이 그럴 것이다. 구두를 사 달라고 한 날이 하필이면 엄마의 생일이라니! 아이는 민망하고 당황스러웠을 것 같다. 책을 보며 어렸을 때 엄마에게 사 달라고 졸랐던 장면들이 떠올랐다.

마이볼
유준재 글·그림 | 문학동네

마이볼? 내 공? 아니면 높이 뜬 공을 누가 잡을지 알리는 소리? 책장을 넘기다 보면 '마이볼'이 어떤 의미인지 알 수 있다. 더불어 우리가 알고 있는 '마이볼'의 의미를 넘어선 무언가를 우리의 가슴에 던져 준다.

아이의 아빠는 평일에는 일하느라 바쁘고, 쉬는 날에도 끊임없이 집안을 손보느라 바쁘다. 가족이고 한 지붕 아래 살지만 뭔가 먼 듯한 그분. 하지만 유난히 말씀이 많아지는 때가 있었으니…… 바로 야구 중계 시간이다. 아이는 만화를 보는 것보다 아빠와 함께 야구 보는 시간을 더 좋아한다.

어느 날, 아빠는 야구 글러브와 배트를 사 오셨다. 그 후 일요일이면 아이는 형과 아빠와 함께 집 마당에서 야구를 한다. 공을 주고받고, 배트를 휘두르고, 유리를 깨고, 눈은 멍들고…… 이렇게 실컷 땀 흘린 뒤 동네 목욕탕에서 함께 때도 민다. 대망의 프로야구 한국 시리즈가 열리는 날, 응원과 함성으로 가득한 경기장에 가서 아빠와 잊지 못할 추억도 쌓는다.

하지만 시간이 흘러 아이의 볼이 빨라질수록 대화는 줄어들고 언젠가부터 야구도 하지 않게 된다. 뒷마당에서 하늘 높이 공을 던져 주시던 아빠. "높이 뜬 공 잡을 때는 '마이볼'이라고 외치는 거야!" "마이볼!" 그 시절의 우리는 어디로 갔을까?

'아빠'는 크고도 작은 존재인 것 같다. 아빠가 나이가 들면 나도 나이가 든다.

내가 사춘기가 되면 아빠는 나와 많이 멀어질 것 같다. 지금은 친하지만.

책에 나온 것처럼 시간이 지나면 소통이 줄어드는 것 같다. 우리 형이 이젠 아빠와 소통이 잘 안 된다. 근데 나와는 잘 된다. 어렸을 때 아빠와의 추억을 만들어야겠다.

어릴 땐 아빠가 퇴근하시면 쪼르르 달려가 매미처럼 안겼는데…….
이 책 속 주인공처럼 나이를 먹을수록 아빠와의 대화 시간도 줄고 함께하는 시간이 줄어드니 아빠랑 많이 멀어졌다는 걸 새삼 느끼게 됐다. 나도 아빠가 멀게 느껴지는데 어릴 적과 많이 달라진 나를 보는 아빠는 오죽하실까?

역시 여자애들뿐만 아니라 아들들도 커 가면서 부모님과의 대화가 줄어드나 보다. 예전에는 좀 통하긴 했었는데 이제는 대화를 안 한다. 우리 아빠도 그림책의 아빠처럼 될까 봐 무섭다.

아빠랑 있는 것, 참 소중한 시간 같다. 아마도 그 소년이 나중에 아빠와 대화가 줄어든 것도 어색해져서 그런 것 같다. 나도 왠지 그런 날이 올 것 같다. 앞으로 아빠한테 잘해야겠다.

그림책 활동지-고학년 <u>잘 통했다</u>

1-1 그림책 《위대한 가족》을 감상해 보세요.

1-2 김미혜의 시 〈말이 안 통해〉를 감상해 보세요.

> 엄마, 토끼가 아픈가 봐요.
> 쪽지 시험은 100점 받았어?
>
> 아까부터 재채기를 해요.
> 숙제는 했니?
>
> 당근도 안 먹어요.
> 일기부터 써라!

1-3 통한다는 것은 어떤 뜻일까요?

2-1 가족 가운데 서로 가장 잘 통하는 사람은 누구와 누구인가요? 왜 그렇게 생각

하나요?

누구와 누구	까닭

2-2 가족들과 잘 통하지 않는 부분이 무엇인지 써 보세요.

누구	통하지 않는 부분

3-1 그림책 《구두 전쟁》을 감상해 보세요.

3-2 유은경의 시를 감상하고 제목을 붙여 보세요.

나는 밥을 느릿느릿 먹는다
수학을 세월아 네월아 푼다
방 정리하는 일 한나절
일기 쓰기도 꾸물꾸물
어느 한 가지 빠른 게 없다

그래도 엄마는 화내지 않는다
나무라지 않는다
내가 다 할 때까지 기다려 준다

3-3 그림책 《마이볼》을 감상해 보세요.

4-1 가족 가운데 나와 가장 통하지 않는 사람은 누구인가요? 왜 그렇게 생각하나
요?

누구	어떤 면

4-2 가장 통하지 않는 가족과 소통하기 위해서 나는(혹은 그 가족은) 어떻게 해야
할까요?

① 나는?

② 가족은?

4-3 위의 내용을 담아 손팻말을 만들어 보세요.

4-4 손팻말을 보며 가족과 이야기를 나누고 일주일 동안 실천해 보세요.

① 더 좋은 제안

② 자세한 계획

4-5 실천하기 전과 실천한 후에 얼마나 잘 통하게 되었는지 견주어 보세요.

5 활동을 통해 배우고 느끼고 깨달은 점을 써 보세요.

아이들 활동 엿보기

■ 김미혜의 시 〈말이 안 통해〉를 감상해 보세요.

• 내 마음을 알아주지 못하니까 정말 답답할 것 같다.

• 여러 번 말을 했는데 다른 말을 하시니 짜증이 날 것 같다.

• 서로 하고 싶은 말만 하니까 대화가 안 이루어지는 것 같다.

• 엄마는 아이가 어떤 말을 하든 공부와 숙제를 더 중요하게 여기는 것 같다.

• 내 모습 같았다. 뭐만 물어보면 시험, 숙제⋯⋯.

■ '통한다'는 것은 어떤 뜻일까요?

말이 끊이지 않는 것 / 내 생각과 상대방의 생각이 비슷한 것 / 대화가 잘 되는 것 / 맞장구를 같이 쳐 준다 / 각자 말을 안 하고 생각만 했는데 생각한 게 똑같은 것 / 서로가 말한 걸 잘 알아듣는다 / 행동이 같은 것 / 화내지 않고 이야기를 진행하는 것 / 누군가와 싫어하는 것과 좋아하는 것이 같다 / 상대방에게 내 맘을 말하지 않아도 내 맘을 아는 것

■ 가족 가운데 서로 가장 잘 통하는 사람은 누구와 누구인가요? 왜 그렇게 생각하나요?

아빠랑 남동생 둘 다 남자라서 해서 공통점도 많고, 이상한 개그나 행동을 하고 둘만 재미있어 한다.

아빠와 오빠 아빠가 말을 안 하셨는데 오빠가 알아서 한다.

엄마와 아빠 둘 다 어른이고 같이 오래 살아서 그런 것 같다. 오래 만났고 부부라서 좀 마음이 잘 맞는 것 같다. 연애도 하고 결혼 생활도 하고 오랜 세월

동안 같이 지내 왔기 때문인 것 같다.

나와 엄마 항상 어디 갈 때마다 의견이 비슷하다. 좋아하는 것도 같고, 좋아하는 드라마도 같고, 청소하는 것도 한번 하면 깔끔하게 둘 다 잘한다. 입맛과 행동이나 좋아하는 것이 비슷하다. 둘 다 되게 잘 삐친다.

■ **가족과 잘 통하지 않는 부분이 무엇인지 써 보세요.**

누구	통하지 않는 부분
엄마	• "와, 이쁘다."라고 내가 말하면 엄마가 "너한테는 안 예쁜 옷이 없잖아." 라고 말한다. • 남는 시간만 있으면 문제집 풀라고 한다. • 저녁밥 뭐냐고 물어보면 편식하지 말라고 한다. • 아프다 했는데 학원에 가라고 한다. • 옷 고르라고 해 놓고 보여 주면 안 예쁘다고 한다.
아빠	• 엄마가 내게 화를 냈는데 거기에 대해 또 화를 낸다. • 나갔다 들어오면 바로 씻으라고 한다. • 찢어진 청바지에 대해 비하하신다. • 밥 먹을 때 물 좀 그만 먹으라고 한다. • 게임 두 시간 했는데 세 시간 다 했으니 그만하라 한다.
동생	• 설명을 뒤숭숭하게 해서 답답하다. • 걸핏하면 울어서 나를 난처하게 만든다. • 내가 씻으려고 하면 그때 씻는다.
언니	• 나는 시내에 가서 놀면 디스코팡팡을 타는데, 언니는 당구를 쳐서 같이 놀 때 불편하다.

■ 유은경의 시를 감상하고 제목을 붙여 보세요.

느릿느릿 / 달팽이 / 이렇게 해 줄 거지? / 기다려 줄게 / 엄마의 배려 / 느리더

라도 괜찮아 / 내가 원하는 엄마 / 거북이처럼 느려도 정상에 도착할 수 있어 /

엄마를 닮아서

(이 시의 제목은 '희망 사항'이다.)

■ 가족 가운데 나와 가장 통하지 않는 사람은 누구인가요? 왜 그렇게 생각하나요?

누구	어떤 면
엄마	• 주말에 많이 못 놀게 한다. • 집안일을 할 때 남녀가 다르다고 나만 시킨다. • 이거 했냐 저거 했냐 계속 물어보고 공부 안 하고 딴짓하는 건 아닌지 계속 의심한다. • 공부했는데 자꾸 공부하라고 한다. • 좀 놀다가 자고 싶은데 일찍 자라고 한다. • 뭔가 해 달라고 한마디 하면 바로 시끄럽다고 한다. • 난 편하게 앉아 있는데 자꾸 편하게 앉으라고 한다. • 아껴 먹으려고 남겨 놓은 것을 남기는 건 줄 알고 다 먹어 버린다.
아빠	• 내 기분을 상하게 하는 말을 자주 하신다. • 뭘 물어보면 너무 길게 말한다. • 살찌면 안 되는데 계속 먹으라고 한다.
동생	• 혼자 집에 들어갈 수 있는데도 계속 버티며 혼자선 집에 가려고 하지 않는다. • 카톡 하고 있는데 부모님께 게임한다고 이른다. • 씻지도 않고 외출복을 입은 상태로 같이 자는 침대에 올라간다. • 자꾸 사소한 일로 울고 고자질을 많이 한다. • 나보고는 문을 잠그지 말라고 하면서 자기는 문을 잠근다. • 싸우면 말로 안 하고 때린다.

언니	• 옷장에 옷을 쑤셔 넣는다. • 어리다고 대화를 하려고 하지 않는다.
할머니	• 아침에 할머니가 먼저 일어나셔서 전기장판을 끄시는데, 그러면 좀 있다가 추워진다.

■ **가장 통하지 않는 가족과 소통하기 위해서 나는(혹은 그 가족은) 어떻게 해야 할까요?**

나는?

• 가족끼리 모여서 이야기를 하고 불만이 있으면 털어놓고 하고 싶은 얘기도 하면서 대화를 자주 하면 지금보다 가족 관계가 더 좋아질 것 같다.

• 언니가 뭘 물어보면 상냥하게 대답해 준다.

• 식구들이 좋아하는 것을 알아본다.

• 짜증을 내며 말하지 않는다.

• 분리수거를 하거나 음식물 쓰레기를 버린다.

• 밥상 치우기를 도와 드린다.

• 할 것들을 빨리한다.

• 엄마가 없을 때는 걱정하지 않게 밥을 잘 챙겨 먹는다.

• 엄마가 화나지 않게 말썽을 부리지 않는다.

• 문제집을 풀 때 엄마에게 물어본다.

• 같이 사진을 찍는다.

• 엄마 머리를 빗겨 주면서 대화한다.

- 엄마랑 같이 바느질을 한다.
- 엄마가 좋아하는 노란색 장미꽃을 사 드린다.
- 엄마와 같이 집에서 요리를 해 먹는다.
- 아빠와 일주일에 한 번씩 놀면서 그동안 일어난 일을 얘기한다.
- 아빠와 나의 공통점을 찾는다.

가족은?

- 내가 하는 말들을 잘 들어 주고 그 일에 대한 생각도 말해 주면 좋겠다. 그리고 가족들이 나한테 원하는 게 있으면 그냥 편하게 이야기해 주었으면 좋겠다.
- 우리의 의견이나 행동이 마땅치 않게 보여도 화내지 않고 이야기로 대화를 나눈 후 잘 소통하도록 한다.
- 적당히 말을 걸고 세대 차이가 심하다고 해도 내가 하는 말에 맞장구를 잘 쳐 주었으면 좋겠다.
- 엄마가 나한테 물어보고 행동하면 좋겠다.
- 앉는 자세가 바르지 않을 때마다 차분한 말로 '허리를 펴고 바른 자세로 앉으라'고 말을 한다.

■ **위의 내용을 담아 손팻말을 만들어 보세요.**

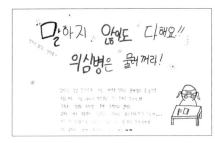

손팻말 1

방문을 열어 놓고 할 일을 함

손팻말 2

아빠와 대화 나누는 모습

손팻말 3

오빠가 음식물 쓰레기를 들고 학교에 가는 모습

손팻말 4

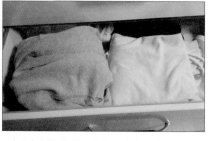

언니가 옷을 제대로 개어 옷장에 넣어 놓은 모습

손팻말 5

아빠가 웃고 계시는 모습

■ 손팻말을 보며 가족과 이야기를 나누고 일주일 동안 실천해 보세요.

더 좋은 제안

• 옷을 입고 난 후 제대로 개어 놓고, 옷장이 어지럽혀질 때마다 같이 정리하기로 했다.

• 아빠가 기분 상하는 말을 안 할뿐더러 하루에 칭찬 한 가지씩 해 준다고 하셨다.

• 동생이 보는 데서 카톡을 한다.

• 오빠가 바쁘더라도 집안일을 꼭 하도록 하겠다고 했다.

• 아빠는 내가 이해가 안 돼서 그런 줄 알고 길게 말한 거라고, 이해됐으면 이해됐다고 말하라고 했다.

• 아빠는 내가 물어보면 그것에 대해서만 답을 해 준다.

• 동생은 폰을 쓰려고 할 때 쓴다고 말하고 가져간다.

자세한 계획

• 아빠가 얘기하다가 "끝"이라고 한다.

• 내 방문을 열어 놓고 공부를 한다.

• 그 날에 있었던 상황에 따라 용기 있고 희망적인 말을 해 주시기로 했다.

• 이제부턴 카톡을 할 때 거실 소파에서 한다.

• 되도록 오빠도 똑같이 시키겠지만 바쁘면 음식물 쓰레기라도 버리게 하겠다고 하셨다.

• 아빠의 말이 길어지기 전에 내가 먼저 질문을 한다.

• 나는 동생이 폰을 사용하는 시간이 좀 지나도 기다려 주도록 한다.

• 학교에서 있었던 일을 얘기해 드리고 아빠의 회사 생활을 물어본다.

- 엄마랑 영화관에 가서 팝콘을 먹으며 영화를 본다.
- 할머니가 먼저 일찍 일어날 때 전기장판 끄지 말라고 부탁해 본다.

■ **실천하기 전과 실천한 후에 얼마나 잘 통하게 되었는지 견주어 보세요.**

엄마	• 엄마가 '이거 했냐, 저거 했냐'라는 소리를 하지 않는다. 나도 방문을 열고 공부를 하게 되어 더 이상 기분 상할 일이 없다. • 전에는 들어오자마자 왜 이리 늦었냐며 화내고 사이가 안 좋았는데 이제는 시간을 정하고 와서 엄마와 싸우지 않았다.
아빠	• 아빠가 실천하기 전에는 막말을 많이 하셨는데, 이제는 참아 주신다. • 아빠한테 이해됐다고 하면 아빠도 더 이상 길게 말하지 않고 "알겠어."라고 말해 줘서 좋다. • 내가 먼저 잘 말하지 않아서 아빠가 얘기하다가 "끝"이라고 한다. 그래도 말이 많이 짧아졌다. • 내가 학원을 갔다 와서 아빠를 보니 웃고 계셨다. 그래서 아빠가 화났다고 오해하지 않아도 되어 좋았다.
동생	• 거실 소파에서 카톡을 하니까 동생이 귀찮게 안 해서 좋다. • 동생은 어린 교회 애들이랑 같이 놀고 나는 내 친구들과 같이 놀다가 같이 집으로 간다. • 동생이 예쁜 말을 써서 전보다 사이가 더 좋아진 것 같다. 동생이 아직도 말을 할 때 마음대로 하려고 하지만 그래도 노력하는 게 눈에 보이는 것 같아서 뿌듯하다.
언니	• 언니가 말을 해야 옷을 개긴 하지만, 예전보다 더 잘 갰다. • 언니가 알바 끝나면 같이 한마디라도 하고 잔다. 언니랑 더 친해진 것 같다. 얼굴을 많이 못 볼 때도 있지만 확실히 더 친해지긴 했다.
오빠	• 맨날 심부름 시키면 '공부한다, 똥 싼다.' 이러면서 피했는데, 그래도 심부름을 하려고 한다.

■ **활동을 통해 배우고 느끼고 깨달은 점을 써 보세요.**

• 아빠랑은 통해도 엄마랑은 가끔 안 통할 때도 있었는데, 괜찮은 숙제를 해서 엄마랑 좀 더 친해진 것 같고 자주 설거지를 도와 드려야겠다. 나도 허리가 아픈데 엄마는 얼마나 허리가 아플까? 커다란 깨달음을 얻었다. 앞으로 아빠와도 엄마와도 친하게 지내야겠다. 그리고 동생과도 안 맞을 때가 있는데, 바로 짜증 부리지 말고 꼭 대화로 풀어야겠다. 앞으로 우리 가족 모두 잘 통하는 사이가 되면 좋겠다.

• 드디어, 이 활동으로 엄마랑 나랑 잘 통하게 되었다! 오예! 이틀 만에 통했다는 게 더 좋았다. 아빠랑만 통하던 내가 엄마랑 통했다니! 이제 통하는 방법을 알았으니 엄마랑 더 잘 통하도록 노력할 것이다. 그러고 보니 나는 부모님이랑 대화하는 시간이 매우 적었다. 24시간 중 10분? 20분? 부모님께서 많이 서운하셨을 것이다. 이제부터 틈틈이 시간을 내서 부모님과 대화할 것이다. 부모님을 대화 왕으로 만들 것이다. 아직은 부모님과 안 통하는 게 더 많지만 앞으로는 더 잘 통하게 노력을 해야겠다. 앞으로도 집안일을 쭉 하며 엄마와 더 잘 통하도록 할 것이다.

• 아빠와 '오늘은 뭐 했고, 어땠다'고 말하면서 훨씬 더 친해졌다. 다음엔 엄마와 아빠 두 분이 함께 이야기 나누실 수 있도록 두 분을 위한 활동지를 만들어야겠다. 난 아빠가 회사에서 어떤 일 때문에 힘들었다고 하소연하시는 모습이 재미있었다. 앞으로도 내가 계속 아빠 회사 일을 물어서 아빠와 대화를 많이 나누고 더욱 친해지도록 노력할 것이다.

• 동생에게 원하는 것을 얘기했지만 동생은 들을 생각도 하지 않았다. 그런데 조금씩 계속 얘기를 하니 새로운 방법이 나오게 되었고, 내 불편함도 사라졌다. 맨 처음에는 안 될 거라고만 생각하고 있었는데 의외의 생각이 나오고 일이 잘 해결돼서 신기하다.

함께 볼만한 그림책

학교 가는 날
송언 글·김동수 그림 | 보림

저학년 그림일기 형식의 표지와 속지가 돋보인다. 속지 왼쪽에는 1980년대 국민학교 남학생의 모습, 오른쪽에는 2000년대 초등학교 여학생의 모습이 교차로 그려져 있다. 과거와 현재를 함께 보며 어떤 차이가 있는지 찾아보는 재미가 있다. 신입생 자녀를 둔 부모님, 또는 이야깃거리를 찾는 부모님이 아이와 함께 읽기에 좋은 책이다. 부모님이 어렸을 땐 뭘 하고 놀았는지, 그 시절 거리와 집들은 어떤 모습이었는지, 방은 어땠는지, 학교는 어떻게 생겼는지, 입학하기 전에 어떤 일들을 했는지 등을 얘기하며 서로를 자연스럽게 알아 가는 시간이 될 것이다.

엄마는 정말 모르는 걸까?
이반디 글·윤지회 그림 | 양철북

세상 모든 것이 신기하고 재밌고, 쓸데 없는 것과 쓸데 있는 것을 구분하지 못하는 아이들. 하지만 대다수의 어른들은 그런 아이들의 행동을 이해하지 못한다.

왜 아이들이 더러워질 걸 알면서도 물구덩이를 첨벙이며 걷는지, 왜 꾸물대면서 길을 걷는지, 엄마가 "잘 자." 하고 방을 나간 후에 무슨 일을 벌이는지를 재치 있게 표현했다. 아이의 행동에는 그 나름의 이유가 있다는 것을 알려 준다. 어른들이 자신에게도 그런 시절이 있었다는 걸 기억하고 그 시절의 눈으로 아이들의 행동을 이해하려고 노력한다면 서로 더 소통할 수 있지 않을까?

수업 나누기

세상과 소통하는 법을 가장 먼저 배우는 곳인 가정. 가족 간에 소통이 제대로 안 된다면 그 다음 세상인 학교, 놀이터, 마을에서 누군가와 제대로 소통하기란 쉽지 않다. 하지만 어른들도 바쁘고 아이들도 바쁜 요즘, 서로 대화할 짬을 내기가 어렵다. 그래서인지 뭔가를 쉽게 결정해 버리고, 서로에 대해 깊이 생각하지 않는다. 이렇게 대화하기가 힘들면 회피하고, 마음에 들지 않으면 단절해 버리는 식으로 아이들이 소통을 배우고 있는 건 아닐까? 가족끼리 서로 마음이 맞지 않고, 다툼이 생기고, 화가 나고 짜증이 나더라도 통하려고 노력하는 것. 이것이 가족 안에서 배울 수 있는 소통이다.

아이들은 가족과 통하지 않는 것들을 웃으면서 말했지만, 그 안에는 체념, 짜증, 슬픔이 함께 있었다. 이미 상대방에게 여러 번 말한 것도 있었고, 아예 말하지 못한 것도 있었다. 그 이야기를 정성껏 손팻말에 담았다. 그리고 가족과 대화하는 시간을 일주일 가진 후 아이들이 들려준 경험은 정말 놀라웠고 아이들마다 천차만별이었다. 2주, 3주 계속 실천해 보도록 했더니 또 다른 전혀 상상하지 못했던 이야기들이 나왔다. 첫 번째 방법을 실천해 보고 수정하고, 두 번째 방법을 실천해 보고 수정하며 서로가 더 나은 지점을 찾아가고 있었다. 물론 그것이 가능했던 것은 계속 대화를 했기 때문이었다.

아이들은 바쁜 부모님과 대화할 시간을 맞추기 힘들어 했다. 형제자매와 대화할 땐 말이 잘 통하지 않는다거나 건성으로 답한다고들 했다. 이런 어려움을 헤

쳐 나가는 데는 서로의 이야기가 힘이 되었다. 아이들은 친구들의 경험을 듣는 것을 정말 좋아했다. 한 사람 한 사람의 이야기를 들으며 아이들은 계속해 나갈 힘과 자신감을 얻었다. 그렇게 가족과 계속 소통하려고 노력했다는 건, 그만큼 아이들이 통하고 싶어 했다는 것이 아닐까? 수업을 하면 할수록 교실이 이런 경험을 나눌 수 있는 장이 되어야 한다고 생각했다.

어렵게만 보이고 때로는 귀찮고 바쁘다는 이유로 체념했던 일들이 조금씩 해결되는 과정을 반 전체가 나누며 아이들은 이런 말을 했다. "아, 이렇게 하니깐 되는구나, 라는 걸 알았어요." "부모님이 무섭고 꽉 막힌 사람이 아니고 내 이야기에 관심을 기울여 주신다는 걸 알았어요." "언니와 대화하는 게 처음엔 어색했지만 계속하다 보니 언니를 더 잘 알게 되고 의외로 재미있었어요." "동생과 이렇게 했더니 말이 통하고 내 예상과는 다른 방향으로 일이 진행될 수도 있다는 걸 알았어요." "학교에서 하는 활동으로 집 안에 변화가 생기니깐 신기했어요." 아이들은 이렇게 가족과 현명하게 대화하기 위해선 무엇이 필요하고, 협상이 어떤 과정을 거치며, 상의한 내용이 어떻게 변화해 가는지 몸소 체험했다. 그리고 우리는 삶을 가꾸는 수업에 한 발자국 내딛을 수 있었다.

둘

보일 듯 말 듯
쓰는 마음
배려하는 친구

그림책 미리 보기 1

티나의 양말
홍수영 글·그림 | 한솔수북

일러스트레이터 출신 홍수영 작가가 티나 캐릭터를 만든 지 어느덧 10년이 넘었다. 그림이나 색을 보는 재미가 쏠쏠하고, 색색의 양말들과 어울리는 글씨가 예쁘게 표현되어 있다.

표지를 보면 알록달록 양말들이 많은데, 티나가 짝짝이 양말을 신고 당당하게 서 있다. 반면 티나 옆 다람쥐 두 마리는 티나를 걱정스럽게 바라보고 있다. 짝짝이 양말을 신은 티나는 양말 파티가 열리는 제이네 집으로 가고 있다. 그런데 가는 길에 만난 사람들은 모두 티나에게 양말이 이상하다며 빨리 갈아 신으라고 한다. 티나는 점점 짝짝이 양말이 부끄러워진다. 과연 티나는 친구들과 파티를 잘 할 수 있을까?

티나는 저 상황에서 어떤 마음이었을까? 내가 티나였으면 속상할 것 같다. 티나가 신은 양말을 제이가 같이 따라 해 줘서 좋았다.

내가 티나였다면 무시하고 갈 것 같다. 나도 양말이 없어서 엄마 양말을 짝짝이로 신고 놀이터에 가서 놀고 있는데, 애들이 "왜 이러냐"고 해서 "근데, 왜?"라고 했다. 내가 티나의 친구라면 "나도 그렇게 신은 적 있는데."라고 할 것 같다.

티나가 슬플 때 제이가 도와준 것처럼 나도 어려운 친구를 도와줄 것이다. 민정이가 모르는 게 있으면 알려 주고 양보도 하고 같이 어울려 활동을 하겠다.

티나가 좋아하는 양말에 구멍이 나서 짝짝이로 신었는데 모모 아줌마, 친구와 곰 아저씨 모두 왜 그렇게 짝짝이로 신었냐고 하니까 난처할 것 같다. 그런데 티나가 얼이 빠져 있을 때 제이가 "너의 양말이 멋져서 나도 그렇게 신었어."라고 하니 축 처진 어깨가 다시 펴질 것 같다.

제이가 티나를 위해 마지막에 그런 말을 하는 것 같아서 제이에게 나도 참 고마웠다. 내가 티나의 친구였다면 양말 벗고 게임 축제를 만들어 다른 애들이랑 양말을 벗고 다 같이 놀 것이다. 우리 반의 ○○에게도 항상 배려하고 준비물이 없으면 빌려주고 먼저 손 내밀어 줄 것이다. 항상 친하게 지내고 편견도 버려야겠다.

시끄러운 밤
조시 셸리그 글·리틀 에어플레인 프로덕션 그림 | 윤소라 옮김
어린이작가정신

별빛이 내리는 어느 밤, 눈이 반쯤 감긴 채 베개로 귀를 감싸고 있는 옐로우, 그리고 그 옆에서 음악에 심취해 신나게 악기를 연주하는 레드. 이들에게는 과연 어떤 일이 일어난 걸까?

어울릴 듯 어울리지 않을 듯, 빨강과 노랑의 색깔만큼이나 둘은 생김새도 성격도 다르다. 올리브나무 위의 두 친구, 작은 몸집에 긴 꼬리를 가진 레드와 큰 몸집에 짤막한 두 귀를 가진 옐로우.

어느 날 밤, 옐로우는 잠자리에 든다. 눈을 감고 막 잠들려는데, 시끄러운 소리가 난다. 옐로우는 잠을 이루지 못하고 눈을 뜬다. 그 소리는 바로 레드가 악기를 연주하는 소리이다. 옐로우는 레드에게 그만하라고 한다. 이에 질세라 레드도 옐로우가 자려고 하지 않으면 계속 놀 수 있다고 말한다. 둘 사이에는 뾰족한 수가 없어 보인다. 그때 멋진 생각이 떠오르며 옐로우와 레드, 모두 행복해지는데……. 과연 그 특별한 방법은 무엇일까? 둘은 서로에게 어떤 마음을 쓰고, 어떤 배려를 한 걸까?

레드가 시끄럽게 연주할 때 옐로우가 너무 슬프고 시끄러웠겠다. 그런데 레드가 조용히 연주를 하게 되면서부터 옐로우가 너무 편하게 잠을 잤을 것 같다.¶

옐로우가 레드의 기타 소리에 시끄러웠을 것 같아요. 레드가 자장가를 불러 줘서 잠이 잘 올 것 같아요. 레드가 어떻게 자장가를 생각해 냈는지 궁금해요.¶

레드는 놀 수 있고, 옐로우는 잘 수 있게 되어 둘 다 좋다. 이제 싸우지 마.¶

자기 생각이나 주장만 했다면 서로 불편했을 텐데, 레드기 좋은 방법을 생각해 낸 것 같다. 이제 싸우지 않고 레드는 연주할 수 있고 옐로우는 잘 수 있게 되어서 다행이다.¶

친구란 뭘까?
조은수 글·채상우 그림 | 한울림어린이

제목부터 우리에게 질문을 한다. 표지 그림을 보면, 비슷하게 생겼지만 색깔이 다른 두 동물이 나온다. 책을 읽기 전, 아이들이 친구에 대해 어떻게 생각하는지 표지를 보며 함께 이야기해 보면 좋겠다. 책을 다 읽고 그 생각이 어떻게 바뀌었는지, 어떤 변화가 있었는지 이야기해 보는 것도 좋다.

친구란 무엇인지에 대해 다양한 동물들이 나와 이야기해 준다. 악어가 말하지 않아도 이빨을 구석구석 청소해 주는 악어새의 그림에는 "딱히 말로 안 해도 가려운 데를 긁어 주고"라는 문구가, 많은 플라밍고 속에서 단번에 친구를 알아보는 하마의 그림에는 "바글거리는 새들 속에서 내 친구라면 한눈에 알아보고"라는 문구가 쓰여 있다.

그림책 속에 있는 그림들을 보고 아이들과 '친구란 무엇일까?'에 대해 생각해 보는 활동을 하며 재미있는 시간을 가져 볼 수도 있다.

저학년

친구에게 따뜻하게 대해 주는 게 따뜻한 코코아처럼 느껴졌다. 나도 친구들에게 따뜻하게 대해 줘야겠다.¶

난 친구란 고민이 있을 때 이야기할 수 있는 사람이라고 생각한다. 이 책을 읽고서 친구에 대해 곰곰이 생각해 본 게 처음이다. 이 책이 친구의 존재를 깊이 생각하게 해 주었다.¶

친구의 의미, 존재를 생각했다. 그러고 보니 친구 덕분에 내가 있고 웃을 수 있는 거라고 생각된다. 친구가 고맙다.¶

고학년

이 책을 보고 나서 나의 친구를 다시 생각해 보게 됐다. 책에 나오는 친구가 코코아처럼 달콤하다면 나의 친구는 한약같이 쓰다. 왜냐하면 내가 잘못하거나 실수할 때 바로 고쳐 주고, 내가 슬플 때 위로해 주고 그러기 때문이다. 친구는 소중한 존재다.¶

친구란 뭘까? 생각할수록 모르겠다. 내겐 친구가 항상 내 곁에서 마음을 공감해 주는 사람이라고 생각했었는데, '정작 나는 그런 친구가 되어 줄 수 있을까?'라는 생각이 든다. 나도 내 친구에게 좋은 친구가 되어 주려고 노력해야겠다.¶

그림책 활동지-저학년 서로를 배려해요

1-1 친구가 어떻게 할 때 좋은가요?

　　①

　　②

　　③

1-2 친구가 어떻게 할 때 싫은가요?

　　①

　　②

　　③

2-1 그림책 《티나의 양말》을 감상해 보세요.

2-2 '배려'는 어떤 것일까요?

3-1 그림책 《시끄러운 밤》을 감상해 보세요.

3-2 우리 반 친구들이 서로에게 배려했으면 하는 것을 써 보세요.

　　①

　　②

　　③

3-3 위에 쓴 것 가운데 하나를 골라 우리 반 모두가 일주일 동안 실천해 보세요.

　① 배려할 것:

　② 실천 결과

1일:	2일:	3일:	4일:
5일:	6일:	7일:	

4-1 그림책 《친구란 뭘까?》를 감상해 보세요.

4-2 친구란 어떤 사람인지, 그림책 《친구란 뭘까?》처럼 표현해 보세요.

5 활동을 통해 배우고 느끼고 깨달은 점을 써 보세요.

아이들 활동 엿보기

■ **친구가 어떻게 할 때 좋은가요?**

• 넘어졌을 때 "괜찮아?"라고 말하며 일으켜 주는 친구가 좋아요.

• 친구가 같이 놀 때 좋아요.

• 나한테 관심 있는 친구가 좋아요.

• 친구가 저한테 방긋 웃어 줄 때 좋아요.

• 친구가 물건이나 음식을 줄 때가 좋아요.

• 친구가 약속을 지킬 때 정말 좋아요.

• 친구가 "미안해"라고 하면서 이해해 주는 게 좋아요.

• 친구가 내 말을 잘 들어 줄 때 좋아요.

친구가 이렇게 할 때 '좋아요/싫어요' 쓴 것 붙이고 고르기

■ **친구가 어떻게 할 때 싫은가요?**

- 친구가 잘난 척할 때가 제일 싫어요.

- 친구가 놀리면 싫어요.

- 친구가 내 말을 무시할 때가 싫어요.

- 친구가 내 물건 뺏으면 싫어요.

- 친구가 싸울 때가 싫어요.

- 뭘 던질 때가 싫어요.

- 친구가 나를 따라 할 때 싫어요.

- 줄을 섰을 때 새치기하는 친구가 싫어요.

- 내가 아무것도 안 했는데 화내는 친구가 싫어요.

- 친구가 나를 흉볼 때 싫어요.

- 친구가 우리 가족을 욕할 때 싫어요.

- 친구가 술래를 억지로 시킬 때 싫어요.

- 친구가 내가 아끼는 걸 부술 때 싫어요.

■ **'배려'는 어떤 것일까요?**

마음을 알아주는 것 / 불편하게 하지 않는 것 / 양보하는 것 / 아프면 내가 대신 해 주는 것 / 존중하는 것 / 괴롭히지 않는 것 / 도와주는 것 / 약속을 지키는 것 / 나를 기다려 주는 것 / 화났을 때 조금 참아 주는 것 / 키 작은 친구들한테 잘 보이게 해 주는 것 / 기쁘게 해 주는 힘 / 친구를 사귀는 아주 좋은 방법

■ **우리 반 친구들이 서로에게 배려했으면 하는 것을 써 보세요.**

싸우지 않는 것 / 뛰지 않는 것 / 욕하지 않는 것 / 쓰레기 분리수거 제대로 하는 것 / 남의 물건 만지지 않는 것 / 양보해 주는 것 / 시간 지키는 것 / 배려하

는 것 / 싫다는 것 하지 않기 / 화내지 않기 / 때리지 말고 말로 하기 / 세 번까

지는 참아 보기 / 수업 시간에 조용히 하기 / 교실에서 뛰지 않기

■ 하나를 골라 우리 반 모두가 일주일 동안 실천해 보세요.

우리 반에서 실천할 것 정하기

우리 반에서 실천할 것들

■ 친구란 어떤 사람인지 그림책 《친구란 뭘까?》처럼 표현해 보세요.

• 같은 공간에 있지 않아도 서로를 기분 좋게 해 주는 사람.

- 친구는 언제나 나를 떠올려요.

- 친구는 다른 사람을 괴롭히거나 발차기를 하지 않아요.

- 친구는 실수해도 "괜찮아. 그럴 수도 있지."라고 말할 수 있어야 돼요.

- 친구는 마음이 통해요.

- 친구는 내 곁에서 항상 지켜 줘요.

- 친구는 내가 하고 싶은 놀이를 같이 해 줘요.

- 내가 "조용히 해 줘."라고 부탁하면 들어줘요.

- 친구는 도와줄 줄 알아야 해요.

- 고민이 있을 때 털어놓을 수 있는 것.

- 사람들 사이에서도 바로 찾을 수 있고 함께 나누고 항상 같이 있는 사람.

■ 활동을 통해 배우고 느끼고 깨달은 점을 써 보세요.

- "친구란 이해해 주는 사람"이라는 말이 마음에 들었다. 그림도 멋지고 내용에 공감이 되었다. 배려는 외로운 사람의 곁에 있어 주는 것이다. 외로움이 없는 게 배려다.

- 배려 활동을 4일밖에 하지 않았는데 벌써부터 행동이 달라졌다. 기분 탓일지 몰라도 친구들이 배려를 하는 것 같다.

- 친구들 작품 중 예서의 작품에서 "친구란 생각이 통하는 것"이 마음에 들었다. 친구들이 배려하니 사이가 더 좋아지고, 나도 배려를 더 해야겠다. 아침 시간 배려만 된다면 더 더 좋을 것 같다.

그림책 미리 보기 2

탄 빵
이나래 글·그림 | 반달

다른 그림책과 다르게 책이 빵 봉투 안에 담겨 있다. 눈치챘겠지만 책을 봉투에서 꺼내면 까맣게 탄 빵이 나온다. 아이들은 이 탄 빵을 어떻게 볼까? 표지를 넘기면 까맣게 탄 빵을 표현한 듯한 까만 면지가 나온다.

아침을 먹기 위해 동물들이 빵을 굽고 있다. 빵에 새겨진 무늬나 주변의 색깔을 보면 누구의 빵인지 알 수 있다. 조금 느려서였을까? 거북이의 빵이 다 타 버렸다. 다른 동물들이 식탁에 다 앉고 나서야 마지막으로 자기 빵을 갖고 오는 거북이. 나머지 동물들은 거북이의 빵을 어떻게 할까? 이 질문을 아이들에게 하면 아이들은 어떻게 이야기할까?

그림책 앞쪽 속표지에는 책 속에 나오는 다섯 동물이 사이좋게 가고 있다. 그런데 토끼는 누굴 기다리는 모양이다. 한 장을 더 넘기자 조금 늦게 거북이가 따라가고 있었다. 책을 다 읽고 뒤쪽 면지를 보면 다섯 동물보다 앞서 걸으며 웃고 있는 거북이를 볼 수 있다. 거북이가 왜 달라졌을까 생각해 보는 것이 이 질문에 대한 답이 될 것이다. 속상한 마음까지 알아주는 좀 더 속 깊은 마음 씀씀이, 섬세한 배려에 대해 생각해 보기 좋은 작품이다.

뭔가 알 수 없는 감정이 나오는 것 같다. 거북이와 다른 동물들을 보니 나도 그런 친구가 되고 싶다. 친구의 단점을 보지 않는 것 같아 기분이 좋아지는 친구들이다. 처음에 봤을 때는 거북이의 약점을 가지고 다른 애들이 놀리는 그런 이야긴 줄 알고, '그렇구나' 하며 봤는데 마지막이 감동이다. 이런 친구 갖고 싶다. 당연하다는 듯이 나와 어울려 주는 친구가 되고 싶기도 하고 갖고 싶기도 하다.¶

거북이의 빵은 탔는데 "네 빵은 탔으니까 버려야 돼." 했으면 거북이는 슬퍼서 울었을 것이다. 그런데 친구들이 거북이의 것, 자신의 것 한 조각씩을 잘라 나누어 먹었으니 거북이는 '내 빵이 타서 나눈 게 아니라 모든 빵을 한 번씩 먹어 보기 위함이야.'라고 생각하게 되어서 속상하지 않은 것이다. 거북이를 위한 친구들의 배려인 것 같다.¶

친구에게 내 것을 나누어 주는 것도 힘든 일인데 친구의 탄 빵도 함께 나누어 먹는 것이 인상적이었다. 그건 그만큼 그 친구를 생각하기 때문이라는 생각이 든다. 단순히 양보를 하는 것이 아니라 서로 배려를 하는 친구들인 것 같다.¶

한 사람만 탄 빵을 가지고 있으면 그 사람만 속상하니까 한 사람을 위해 모두가 똑같이 빵을 나누어 먹었다. 빵과 함께 속상함도 나누어서 즐거움으로 바꾸었다. 서로 빵을 나누어 먹는 걸 보며 내 마음까지 따뜻해졌다.¶

위를 봐요!
정진호 글·그림 | 은나팔

'2015 볼로냐 국제아동전' 라가치상 수장작으로 프랑스·대만·미국에서도 책이 출간되었다. 작가는 어릴 적 오른손에 큰 화상을 입어 병원 생활을 했다. 그때 경험이 이 책의 주인공 수지를 통해 드러난다.

　머리만 까맣게 보이는 표지를 처음 보면 이상하다고 생각하겠지만, '위를 봐요!'라는 제목을 보면 위에서 내려다본 장면을 그린 것이라는 걸 알아차릴 수 있다. 좀 더 자세히 그림을 보면, 한 아이가 "위를 봐요!"라며 외친다. 위에는 과연 뭐가 있는 걸까? 아이들은 뭐가 있다고 할까?

　한 장을 넘겨 면지를 보면 삭막하게도 흑백으로만 표현된 보도블록이 나온다. 역시나 표지처럼 위에서 내려다본 장면이 이어진다. 어느 순간 그것들이 실제 모습이 아닌 주인공 수지의 까만 마음을 담은 것임을 알게 될 것이다. 책을 읽으며, 그런 수지의 마음을 알아준 한 아이 덕분에 수지는 마음에 먹구름을 없애고 세상을 향해 한 걸음 나아가게 된다. 수지의 마음의 변화는 면지의 변화, 흑백밖에 없던 책에 색이 생기는 것으로 시작한다.

　배려의 싹은 이렇게 우리 주변에 색을 주고, 환하게 밝혀 주고, 기분 좋게 한다. 이 책은 바쁘다는 핑계로 앞만 보고 사는 우리에게 장애인을 바라보는 다른 시선, 이를 테면 위를 보는 것 같은 이중적 시선이 필요함을 이야기한다. 그리고 그것도 배려의 한 종류임을 알아보는 데 좋은 책이다.

겨울에서 봄으로 바뀌는 동안 한 명, 두 명, 여러 명이 위를 보고, 그 덕분에 용기를 가지고 수지가 밖으로 나왔다. 배려하는 마음은 사람의 마음을 열 수 있다.¶

배려는 사람의 마음을 꽃피게 할 뿐만 아니라 굳게 닫힌 마음의 문도 열게 만드는 재주가 있는 것 같다. 그러니 나도 열심히 배려해서 닫혀 있는 마음의 문을 가지고 있는 친구의 문을 열어야겠다.¶

휠체어를 타면 나라도 밖으로 나가고 싶지 않을 것 같다. 그런데 한 아이가 휠체어를 탄 아이를 위해 길에 누워 바라보았더니 휠체어를 탄 아이가 웃었다. 길에 누워 준 아이가 참 좋은 아이인 것 같다.¶

사람들은 모두 자기가 갈 길만 가고 있는 걸 보니, 자기 할 일만 하고 주변에는 관심이 없는 것 같다. 그런데 남자아이가 기발한 생각으로 길바닥에 누워서 편하게 볼 수 있게 해 준 걸 보니 남자아이는 주변에 관심이 많은 것 같다. 주변에 관심을 가지면 새로운 사실을 알 수 있는 것 같다.¶

수지에게 말을 걸어 준 그 남자아이 덕분에 사람들이 수지를 배려했다. 그 배려 덕분에 수지가 용기가 생긴 것 같다. 배려는 상대방에게 용기를 준다.¶

토끼의 의자
고우야마 요시코 글·가키모토 고우조 그림 | 김숙 옮김 | 북뱅크

표지에는 토끼가 자기 의자를 만든 듯 꼬리가 달린 의자에 앉아 있다. 토끼는 의자를 왜 만들었을까? 의자가 필요해서 만들었을까? 자기 의자가 갖고 싶었던 것일까? 그런데 이야기는 그렇게 당연하게 이어지지 않는다.

주황색 면지를 넘겨 속지를 보니 토끼는 '아무나' 앉아도 되는 의자를 만들었다. 자기 표시를 위해 꼬리도 붙었나. 토끼는 그 의자를 풀밭과 큰 나무 아래에 놓는다. 가장 먼저 찾아온 당나귀는 '아무나 의자'에 도토리를 잠시 두고 나무에 기대 잠이 든다. 당나귀가 잠든 사이 '아무나 의자'에 어떤 일이 일어난 걸까?

토끼의 의자 덕분에 여러 동물이 모두 뒤에 오는 누군가를 배려했다. 앞에서 본 그림책 《티나의 양말》이나 《탄 빵》, 《위를 봐요!》는 모두 특정 대상에 대한 배려를 그리고 있다. 그런데 이 책은 배려하는 대상이 정해져 있지 않다. 배려하기 좀 더 어렵지만 그것 또한 기꺼이 하는 토끼의 마음을 더 깊이 생각해 보면 좋겠다.

토끼는 의자를 만들어 놓았을 뿐이고, 당나귀는 도토리를 의자 위에 올려놓았을 뿐인데 많은 일이 일어났다. 토끼가 누군가를 위한 배려를 했기 때문이 아닐까? 토끼의 작은 배려로 먹을 것들이 오가는 일이 생겼다. 작은 일, 작은 배려로도 이런 좋은 일이 생길 수 있다면 나도 하고 싶은 마음이 든다.¶

토끼가 의자를 만들지 않았다면 당나귀의 도토리가 알밤이 되지 않았을 것이다. 동물들이 먹고 또 배려해서 음식을 두면 먹고 계속 배려하니 당나귀가 더 좋아졌다. 결국 모두 좋아진 것이다. 배려는 참 좋은 것 같다.¶

의자 하나 덕분에 색다른 것을 경험하였다. 토끼 덕분에, 의자 하나 덕분에, 곰과 당나귀와 여우와 다람쥐 덕분에 배려하는 마음은 모르는 사이에 조금씩 전해지고 있었던 것 같다.¶

토끼의 작은 배려가 다른 동물들에게 계속 이어진 것 같다. 배려는 시작이 중요한 것 같다. 그리고 생각보다 쉽게 할 수 있는 것 같다.¶

토끼가 만들어 놓은 의자에서 많은 배려가 오간 것 같다. 만약 토끼가 만든 의자가 없었다면 아무도 모르는 비밀 속의 배려도 없었을 것이다. 토끼가 의자를 만들어 놓은 이유는 따로 있었겠지만 동물들이 그 의자를 이용해 자신들도 모르게 배려한 걸 알면 뿌듯해 할 것 같다.¶

이건 비밀인데…
강소연 글·크리스토퍼 와이엔트 그림 | 김경연 옮김 | 풀빛

글을 쓴 강소연과 그림을 그린 크리스토퍼 와이엔트는 부부이다. 이 부부의 전작인 《넌 (안) 작아》와 《내 거(아니)야》와 마찬가지로, 이 책도 만화처럼 단순하고 글이 별로 없다.

이 책은 말하는 방법이 독특하다. 책 속의 주인공 개구리가 책 밖의 독자에게 직접 비밀 이야기를 들려주는 형식으로 되어 있다. 표지를 보니 개구리가 걱정이 있는지 심각한 표정이다.

개구리의 비밀은 뭘까? 그림책을 펴면 개구리가 독자인 나를 풀숲으로 데려가 비밀을 털어놓는다. 물이 무섭다고…… 개구리가 올챙이 적부터 물이 무서워서 헤엄을 못 친단다.

아이들은 이 책을 읽으며 털어놓지 못했던 고민을 누군가와 나누고 싶다는 생각을 하게 된다. 친구의 고민을 덜어 줄 수 있도록 마음을 써 주고, 나도 개구리처럼 누군가의 도움으로 고민이 해결되었으면 좋겠다고 생각한다. 책을 읽고 나서 친구들과 함께 고민을 나누고, 그것을 해결할 수 있는 방법을 찾는 활동을 해 보자.

나도 무엇이든지 용기 내어 먼저 다가가고 먼저 말해야겠다. 그러면 상대방도 내가 몰랐던 일을, 내가 알아야 하는 일을 알려 줄 것 같다. 정말 진심을 담아 절실한 마음을 전하고, 다른 사람들에게 내가 잘못한 것도 고백해야겠다.¶

고민이 해결되면 진짜 속이 시원할 것 같다. 개구리가 점점 수영을 잘하게 되었으면 좋겠다. 나도 내 고민이 해결되면 좋겠다.¶

개구리가 물을 무서워해서 헤엄을 못 쳤던 걸 말한 것처럼, 나도 비밀이나 고민을 혼자 가지고 있지 않아야겠다. 다른 사람이 이미 알고 있을 수도 있고, 털어놓으면 위로가 될 수도 있으니 좋은 것 같다.¶

비밀을 누구에게 말할 때면 아무 일도 아닌데 민망하거나 떨릴 때가 많다. 그런데 좋은 점이 있다. 바로 굉장히 마음이 편하다는 점이다.¶

나도 올해 들어 고민이 정말 많아졌다. 그런데 그게 말 못할 고민이다. 그래서 마음속에 담아 두기만 하는데, 계속 고민과 비밀이 생겨 그 고민과 비밀을 지키기 힘들다.¶

개구리가 헤엄을 못 쳤던 걸 말한 것처럼, 나도 비밀이나 고민을 혼자 가지고 있지 않아야겠다. 다른 사람이 알고 있을 수도 있고 위로를 받을 수도 있으니 털어놓는 것도 좋은 것 같다.¶

그림책 활동지-고학년 서로에게 마음을 써요

1-1 그림책 《탄 빵》을 감상해 보세요.

1-2 배려란 무엇일까요? 어떻게 하는 게 배려일까요?

2-1 그림책 《위를 봐요!》와 《토끼의 의자》를 감상해 보세요.

2-2 그림책처럼 배려할 대상을 정하고 일주일 동안 실천해 보세요.

① 배려 대상: 친구, 짝, 모둠, 남자·여자 친구들, 우리 반 친구들, 후배·선배

배려하고 싶은 사람:

② 배려할 것:

③ 실천 결과

1일:	2일:	3일:	4일:
5일:	6일:	7일:	

2-3 배려한 이야기, 배려 받은 이야기를 써 보세요.

3-1 그림책 《이건 비밀인데…》를 감상해 보세요.

3-2 우리 반 친구들에게 도와 달라고 말하고 싶은 고민을 써 보세요.

3-3 우리 반 친구들과 고민 나누기를 해 보세요.

4-1 그림책 《친구란 뭘까?》를 감상해 보세요.

4-2 친구란 어떤 사람인지, 그림책 《친구란 뭘까?》처럼 표현해 보세요.

    ①

    ②

    ③

4-3 위에 쓴 것 가운데 하나를 골라 포스터를 만들고 작품을 감상해 보세요.

5 활동을 통해 배우고 느끼고 깨달은 점을 써 보세요.

아이들 활동 엿보기

■ **배려란 무엇일까요? 어떻게 하는 게 배려일까요?**

돌려 읽는 것이 있으면, 내가 글씨를 못 쓰더라도 알아볼 순 있게 써 주는 것 / 남이 부족한 점을 이해해 주는 것 / 티 내지 않고 도와주는 것 / 다른 사람 입장이 되어 기분이 어떨지 생각하는 것 / 그 사람을 위해 기다려 주는 것 / 어떤 대상이 부족하고 달라도 같이 해 주는 것 / 상대방의 마음을 헤아려 주는 것 / 부끄러운 일이 있을 때 모르는 척해 주는 것

■ **배려할 대상을 정하고 일주일 동안 실천해 보세요.**

우리 반 친구들 너무 심하게 화내거나 때리지 않는다 / 목소리를 크고 또박또박 말해 다 들을 수 있도록 한다 / 친구들 말할 때 장난치지 않는다 / 교실에서 뛰면서 놀지 않는다 / 필요한 게 있을 때 빌려주기 / 아침에 좋은 말로 인사하기 / 모르는 것 알려 주기 / 우유 정리 도와주기 / 먼저 가서 말 걸어 주기 / 놀이하고 정리하기 / 웃을 땐 비웃는 것같이 안 보이게 확실히 웃기

짝 내가 잘못하면 "미안해"라고 말하기 / 짝이 싫어하는 것 하지 않기

모둠 이야기를 할 때 적극 참여하기 / 떠들지 않고 장난치지 않기

남자 친구들 긍정적으로 칭찬 많이 하기 / 화내지 않고 사이좋게 지내기

여자 친구들 볼일을 보고 물을 내리고 변기 뚜껑 열어 놓기 / 화장실에서 손 씻고 빨리 비키기

후배들 모두 동생들 다치지 않게 3층에서 뛰지 않기

나의 주변 사람들 지우개 가루 막 뿌리지 않기

나 다음으로 손 씻을 사람 손 씻고 나서 수도꼭지 깨끗하게 하기

내가 읽던 책을 읽을 사람 책을 여러 권 가져가서 읽지 않고 한 권씩 읽기 / 책 찢지 않기

■ 배려한 이야기, 배려 받은 이야기를 써 보세요.

활동지가 여러 개일 때 활동지를 던져서 책상 어지럽게 하지 않기

요즘에는 그래도 괜찮은 아이들, 괜찮은 교실이 되었다. 나는 활동지를 나누어 줄 때 살포시 나누어 주었다. 심지어는 내 책상에도 살포시 놓았다. 애들이 바람 때문에 활동지 잡으러 가는 일이 줄었다. 그리고 현수와 창욱이가 선택한 배려 '여자애들 놀리고 튀지 않기'라는 건 좀 좋은 거다. 애들이 많이 고분고분해졌다.

이름을 부를 때 성을 빼고 부드럽게 부른다

나는 남자애들 이름을 부를 때 성을 붙여서 사납게 좀 발끈하며 불렀는데 좀 부드럽게 성을 빼고 불렀다. 그리고 난 화장실에 있는 변기 뚜껑이 많이 열려 있는 걸 보고 배려를 받은 거 같다. 앞으로도 배려를 해야겠다.

지우개 가루나 샤프심이 부러졌을 때 모아서 쓰레기통에 버리기

지우개 가루를 모아서 버리기 귀찮기도 하고 습관적으로 바닥에 버린 적도 많았지만, 이제는 좀 이렇게 하는 게 습관이 든 거 같다. 그리고 재민(실천한 것 = 놀고 땀이 나면 물로 땀을 씻고 오겠습니다.)이 덕분에 교실에서 땀 냄새가 많이 나는 것 같지 않고 싸우거나 욕하는 친구들이 줄어들어서 좋다. 이런 활동, 또 하고 싶다.

계단을 내려갈 때 한쪽으로 비켜 후배들이 다치는 일이 없도록 한다

내가 배려한 걸 후배들이 모를 수 있겠지만, 열심히 하니 나 스스로가 뿌듯하다. 내가 계단을 내려갈 때 신경을 쓰니 나처럼 한쪽으로 지나가는 예쁜 배려를 하는 사람도 몇 명 있어서 굉장히 마음이 뿌듯해졌다. 이런 배려, 계속 이어지기를.

■ **우리 반 친구들에게 도와 달라고 말하고 싶은 고민을 써 보세요.**

• 나는 밥을 하루 네 끼도 먹고, 저녁 먹기 전에는 키가 크는 약도 먹는데 키가 자라지 않고 있어.

• 글씨를 쓸 때에는 정성을 들여서 제일 좋은 글씨로 쓰려고 하는데 글씨가 나아지지 않아.

• 난 여섯 살 때 분당에서 엄마랑 아빠가 씨워서 헤어졌는데, 맨날 화나서 평생 안 만날까 걱정이 돼.

• 인터넷을 한번 하면 부모님 있을 땐 멈출 수 있는데 없으면 숙제가 밀렸어도 계속하게 돼.

• 저번에 시간을 안 지키고 카톡을 했다가 핸드폰을 뺏겼어. 어떻게 하면 받을 수 있을까?

• 난 혼자 잠을 잘 못 자. 근데 엄마는 항상 혼자 자라고 하며 막 울면서까지 말해.

• 내가 밤 10시 정도에 자는데 아침에 잘 못 일어나. 알람을 맞춰 놓고 자도 잘 못 일어나.

• 집에 소파나 책상 의자에 앉으면 다리를 떨어서 고민이야.

• 나는 낯을 많이 가려서 누군가에게 말하는 것을 못해서 고민이야.

■ **우리 반 친구들과 고민 나누기를 해 보세요.**

고민 들려주기

: 내 동생의 화를 풀어 줘

내 동생은 잘 삐지고 화나면 말을 안 해. 그리고 과격하게 놀아서 내가 다치면 무시를 해. 그런데 내가 화를 내면 동생이 삐져. 그래서 엄청 고민이야. 언제는 내가 그림을 그리고 있는데 동생이 접이식 책상을 밀어 버려서 내 머리를 박았어. 근데 동생이 나보다 크게 울어서 엄마 아빠가 동생을 달랬다니까. 동생이 이러니 나도 화나고 우리가 친해지지 않아서 걱정이야. 나는 동생이 삐져서 일주일 동안 말도 못했어. 그래서 동생에게 선물을 주고 만화를 보여 줬어. 근데 그러니까 계속 해 달라고 해서 실패해서 정말 속상했어. '그러면 사과하는 게 어떨까' 해서 사과를 했는데, 내가 하니 동생은 자기가 잘못한 게 없다고 생각해서 어떤 방법을 세워야 할지 모르겠어. 그래서 마음이 정말 아파. 애들아, 내가 정말 부탁인데 이 개구쟁이 동생의 마음을 천사로 바꾸는 마법 좀 써 주면 좋겠어.

— 이름: 비공개 / 도움 받고 싶은 친구: 현정, 민채

고민 나누기

: 동생이 삐져서 힘들어하는 친구에게

나는 일곱 살 동생이 있어. 이제 여덟 살이 돼. 이제 초등학교를 들어가니까 그런지 좀 예민해진 것 같아. 준비도 많이 해야 되니까 말이야. 그래서 내가 조금이라도 뭐라고 하면 울고 삐져. 그러면 진짜 당황스러워. 엄마랑 아빠한테 혼나기도 하니까 억울하기도 하고 말이야. 정말 힘들지 않니?

혹시 동생이 슬픈 일이나 어떤 중요한 일이 있어서 예민해 하는 건 아닐

까? 내 동생은 이제 곧 초등학교 들어가서 예민해 있거든. 아님 너의 동생은 네가 과격하게 노는 걸 원치 않을 수도 있어. 그러니 네가 당분간은 힘들겠지만 과격하게 놀지는 마. 그리고 동생은 널 정말 좋아하는 것 같아. 네가 접이식 책상에 머리를 박았을 때 너무 걱정되고 미안해서 울었을 수도 있지 않을까? 그러니 기분 나쁘게 생각하지 마.

동생이 무슨 사정이 있을 수도 있을 거야. 그러니 참아. 언젠간 사이좋게 많이 놀 수 있을 테니까.

— 동생의 마음이 빨리 풀리기를 응원하는 현정이가

: 동생을 달래 주고 싶은 친구에게

나도 동생이 있어. 아마 나도 동생이 있으니 내 도움이 필요하다고 생각했을 거라 믿어. 난 동생이 삐졌거나 화가 났을 때 동생을 불러서 토닥여 줘. '우리 동생이 많이 속상했구나.' 이런 식으로 몇 번 하니까 화도 풀리고 동생과 잘 지내게 되었어. 난 남동생이 있거든. 네 살 차이나는. 내가 양보를 맨날 하는데도 맨날 찡찡대. 나도 아주 미치겠다니까! 엄마는 내 맘도 몰라주고 동생 편만 들어. 동생을 사랑해도 엄마는 내 편이 아니어서 속상해. 너도 동생 좀 다독여 줘! 응원할게!

— 동생 화 풀기 응원하는 민채가

: 동생과 더 가까워지고 싶은 친구에게

안녕? 난 다른 건 몰라도 동생이 했는데 부모님이 동생을 감싸 준 것에 대해 제일 가슴이 아팠어. 억울하지? 약 오르지? 짜증나지? 나는 외동이지만 그 마음을 왠지 알 것 같아. 왜냐하면 나도 사촌 동생이 우리 집에 왔을 때 엄마가 뭐만 하면 나만 혼내고, 장난친 것은 갠데 나만 꾸중을 들어서 진짜 짜증이 났어. 이렇게 한번 해 봐. 진짜로 해야 되는 말이 아니면 말 시키지도 말고 대답도 하지 마. 그리고 일주일 정도 있다가 살짝살짝 장난을 쳐 봐. 그럼 동생과 싸우지는 않지만 어색하지도 서먹하지도 않을 거야.

그리고 본래의 네 동생은 귀엽고 천사 같은 아이일 거야. 그러니까 너무 미워하지는 마. 넌 동생을 너무 사랑하니까 그런 일은 없겠지만 말이야! 꼭 성공하길 바랄게!

— 동생을 사랑하는 너의 마음이 부러운 유비가

고민을 나누고 나서
: 내가 착각을 했었어

내 고민은 동생이 자주 삐진다는 것이어서 기대를 많이 했다. 정말 이렇게 하면 동생과 친해질 수 있겠지, 하면서. 현정이, 민채, 유비, 수빈이, 건호까지 나에게 공통으로 말해 준 게 있어. '넌 동생을 좋아하고 있어.' '넌 동생을 사랑하고 있어.'라는 말. 이제 동생을 위로해 주라고 되어 있었다.

고민 나누기

나는 글을 두 번이나 꼼꼼히 읽어 보았다. 근데 아무리 찾아봐도 동생과 화해하는 방법을 제안한 사람은 없었다. 그래도 나는 정말 도움이 많이 되었다. 왠지 모르게 정말 궁금했다. 속은 정말 후련하고 너무 고마운데 해결 방법은 없고. 찾았다! 나는 위로가 필요했던 거다. 나는 외동인 유비가 한 말이 정말 인상 깊었다. 그리고 정말 고마웠다. 나는 유비가 해 준 말로 동생에게 잘해 줄 수 있을 거 같고 정말 고맙다.

나는 화해하는 방법을 알고 싶었던 게 아니라 위로와 공감이 필요했던 거 같고, 이제 천사 동생과 함께 지낼 수 있어서 정말 기쁘다. 이렇게 생각한 내가 동생에게 더 미안하다.

■ **친구란 어떤 사람인지, 그림책 《친구란 뭘까?》처럼 표현해 보세요.**

- 오글거리는 말을 하면 한 내씩 치는 것
- 같이 있으면 웃기지도 않은 일인데 웃음이 빵빵 터지는 것
- 친구는 서로 좋아하는 것을 아는 것
- 서로 나쁜 일이 있어도 이해해 주는 것
- 옆에 있을 때 방구를 참아 주는 사람
- 비밀을 지켜 주는 자물쇠
- 우울할 때 하늘을 보는 것처럼 보면 마음이 풀리는 것
- 아프다고 하면 온종일 걱정이 되는 사람
- 아무리 욕심이 나도 좋은 것도 나눌 수 있는 사람
- 내 아픈 점을 건드리지 않고 보듬어 주는 것
- 세상이 내게 등을 돌리더라도 걔는 나에게 등을 돌리지 않는 것

■ 위에 쓴 것 가운데 하나를 골라 포스터를 만들고 작품을 감상해 보세요.

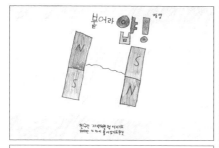

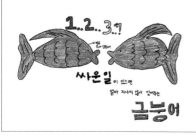

아이들이 만든 포스터

작품 감상하기

- 친구들이 '친구'를 따뜻하고 좋은 것으로 생각해서 기분이 좋았다. 잘 표현한 것이 많아서 그 중 두 개만 골라야 하는 것이 어려웠다.
- 친구들이 만든 작품을 보니 마음이 따뜻해지고 공감되는 부분이 많아서 생각보다 재미없지도 않고 그 반대로 기분이 더 좋았다. 하나하나 친구들의 노력이 담겨 있어 아름다워 보였다.
- 친구들이 시적인 표현도 많이 넣었고 친구가 따뜻한 사람으로 나타나서 좋았다. 우리 반 친구들은 상상 이상으로 대단한 것 같다.

■ 활동을 통해 배우고 느끼고 깨달은 점을 써 보세요.

- 서로에게 마음을 쓰는 게 쉽지는 않았다. 하지만 상대방의 마음을 먼저 생각하다 보니 배려가 훨씬 쉬워졌다. 상대방을 먼저 생각하니까 상대방도 나를 생각해서 친구 관계가 훨씬 좋아졌다. 친구들의 고민 들어 주기 활동도 하면서 '이러면 정말 힘들겠다.'라는 위로도 해 줬다. 어쨌든 친구와 함께 하는 활동, 좋았다.
- 서로 배려해 주고 이해해 주는 게 친구인 것 같다. 배려하기 실천하느라 살짝 힘들었지만 뭐 그 덕분에 내 나쁜 버릇 하나도 없어져서 좋았다. 고민 나누기 할 때는 내가 다른 친구들의 고민을 들어 주다 보니 마치 내가 상담사가 된 듯했다. 또 친구들이 내 고민도 들어 줘서 마음의 짐이 한시름 나아졌다.
- 내가 배려를 잘하고 있는지, 내가 어떻게 생활했는지를 알게 되었고 내가 우리 모둠에게 배려를 했었는데 그 마음이 친구들한테 갔으면 좋겠다는 생각이 들었다. 배려를 하면 상대방도 그렇게 행동한다는 걸 알았고 고마웠고 고민도 들어 줘서 좋았다. 이 활동으로 우리 반 마음이 따뜻해지는 것 같았다.

함께 볼만한 그림책

곰아 자니?

조리 존 글·벤지 데이비스 그림 | 이순영 옮김 | 북극곰

생김새도 성격도 너무나 다른 단짝 친구, 오리와 곰 시리즈의 첫 번째 이야기이다. 잠이 오지 않아 곰과 놀고 싶은 오리와 그저 푹 자고 싶어 하는 곰의 이야기를 보다 보면, 가까운 사이일수록 서로 마음을 더 써 주어야 한다는 것을 알게 된다. 내 마음과 친구의 마음이 똑같기를 바라거나 친구니까 내 마음을 다 알아줄 거라고 믿으며 선을 넘어서는 순간, 갈등이 생기기 마련이다. 친한 사이일수록 지켜 주어야 하는 것, 마음을 써 주어야 하는 것들에 대해 이야기 나누면 좋겠다.

수업 나누기

학교에 입학한 아이라면 누구나 겪게 되는 큰 어려움 가운데 하나가 바로 친구 관계이다. 아이들은 친구들과 잘 어울리려면 서로 배려하는 사이가 되어야 한다는 말을 많이 듣는다. 그런데 아이들에게 배려가 무엇인지 물어보면 잘 모르거나 '도움을 주는 것, 누군가의 희생과 봉사가 뒤따르는 것'이라고 단편적으로 알고 있는 경우가 많았다. 그래서 배려는, 해야 한다는 것은 알지만 실천하기 어려운 것이 되었다. 아이들과 배려의 진정한 의미에 대해 생각해 보려고 그림책 《티나의 양말》과 《탄 빵》을 읽었을 때, 아이들은 저것도 배려냐고 했다. 아이들은 차츰 배려가 상대가 알든 모르든 마음을 써 주는 것, 기쁜지 힘든지 마음을 알아주는 것이란 걸 알게 되었다.

배려의 의미를 공부한 후, 배려 실천하기로 두 가지 활동을 했다. 첫 번째 활동으로 마음을 쓰고 싶은 대상과 방법을 스스로 골라 일주일간 실천을 하였다. 처음에는 스스로 정한 배려를 실천하기 부끄러워하는 아이들도 있었다. 그러나 일주일 동안 배려를 실천하고 받은 소감에는 '배려는 어렵지 않다, 자기뿐만 아니라 주변 사람들도 기분 좋게 한다, 뿌듯하다, 다른 배려도 찾아서 실천해야겠다' 등이 적혀 있었다. 아이들은 배려를 실천하면서 자신도 지금껏 다른 사람에게 배려를 받고 있었다는 사실을 깨닫게 되었고 주변 사람들에게 고마워하게 되었다.

두 번째 활동으로 친구들과 고민 나누기를 해 보았다. 아이들은 그 어떤 활동

을 할 때보다 진지하게 친구의 고민을 들어 주고 위로해 주었다. 마음을 써 주는 것에 대한 고마움을 알고, 때로는 마음을 알아주는 것만으로도 큰 힘이 된다는 걸 깨달으며 스스로 배려하며 살아야겠다고 생각하게 되었다. 더 나아가 대가나 보상을 바라지 않고 다른 사람을 위해 한 번 더 생각하고 행동하는 모습을 볼 수 있었다. 이어 《친구란 뭘까?》를 보고 '친구'에 대해 생각해 보았다. 배려의 의미를 배우고 배려를 실천해 본 경험 때문인지, 나에게 마음을 써 주는 친구에 대해 진심으로 감사하게 생각하는 아이들이 많았다.

아이들은 배려를 공부하며 눈에 보이지 않지만 서로를 위해 마음을 쓰는 사람들 때문에 세상은 아름다워진다는 사실을 알게 되었다. 아이들이 다른 사람을 위해 기꺼이 배려를 실천하는 동안 느낀 뿌듯함이 앞으로 만날 다양한 사람과 서로 마음을 쓰며 살아가는 사람으로 성장할 수 있는 발판이 될 것이라고 생각한다.

셋

나란히 걸어요

존중하는
아이와 어른

그림책 미리 보기 1

꼬마 이웃, 미루
이향안 글·배현주 그림 | 은나팔

아파트는 우리나라 사람들이 가장 많이 살고 있는 주택 형태이다. 좁은 공간에 모여 살고 있지만, 아파드 속 사람들은 단절되어 있고 고립되어 있다. '이웃'이라는 말이 그 의미를 잃어 가는 요즘에 잘 맞는 그림책이다.

미루의 옆집에 사는 할머니는 휠체어를 타고 다닌다. 복도식 아파트의 좁은 복도를 다니느라 힘들어 늘 큰소리로 불평하는 할머니 별명은 '퉁퉁 할머니'이다. 할머니가 불편해서 그렇다는 걸 알게 된 미루는 복도를 바꾸려고 한다. 주변 어른들이 미처 생각하지 못한 방법을 제안하고, 이웃에게 도움을 요청한다. 책 속에는 미루의 의견을 귀 담아 듣고 존중하는 어른의 모습과 무시하는 어른의 모습이 나온다. 미루의 작은 의견에 귀 기울이는 어른들 덕에 미루는 문제를 해결할 수 있는 힘을 얻는다. 이렇게 작은 것부터 존중받은 아이는 남을 존중하는 어른으로 자랄 수 있지 않을까?

퉁퉁 할머니를 방실 웃게 한 방법은 무엇이었을까? 아이들과 함께 앞뒤 면지를 비교해 보며 미루의 집을 찾아보는 것도 재미있다.

미루 덕분에 할머니가 휠체어로 다닐 수 있는 길이 만들어졌다. 아마 미루가 평소에도 이웃 사람들과 친해서 그렇지 않을까? 나도 이웃 어른들과 인사를 자주 한다. 그러면 친절히 답해 주시는 분이 많다. 이웃에 좋은 어른들이 많은 것 같다. 왠지 나도 그런 어른이 되어야 할 것 같다.¶

할머니 생각을 하는 미루. 남을 생각하는 모습, 나도 닮아야겠다. 뽀글 아줌마처럼 어린애라고 무시하면 안 되겠다. 내가 어른이 되면 더더욱 말이다.¶

뽀글 아줌마가 맨 처음에 미루가 말했을 땐 그냥 무시했는데, 방긋 아줌마가 치우고 뽀글 아줌마도 치웠다. 이것처럼 배려는 한 명이 하면 다른 사람도 하게 되는 것 같다. 배려는 웃음을 만드는 생각 같다.¶

미루는 처음에 아줌마가 거절했을 때 많이 슬펐을 것 같다. 나중에 아줌마가 나온 것은 조금 미안해서 나온 것 같다. 조그만 배려로 할머니가 편하게 되어서 나도 기분이 좋다.¶

미루가 할머니를 그냥 할머니라고 부르지 않고 '통통 할머니'라고 부르는 게 별명을 붙인 것 같다. 할머니를 싫어하는 것 같았는데 미루가 할머니를 위해서 복도를 치울 생각을 하다니. 미루는 엄마나 할머니한테 배려를 많이 받아 본 것 같다.¶

까불지 마!
강무홍 글 · 조원희 그림 | 논장

표지에는 제목과 어울리는 위풍당당한 모습으로 말을 타고 있는 아이가 등장하지만, 면지에는 겁먹은 모습으로 여러 장애물을 겨우겨우 건너가는 작은 아이가 있다. 책 속에는 어떤 아이가 있을까?

주인공은 동네 강아지, 고양이에게 겁을 먹고, 친구인 현이에게 놀림을 당해 울며 집에 들어오는 겁이 많은 아이다. 답답한 엄마는 곧바로 해결책을 알려 준다. 바로 무서운 표정을 지으며 "까불지 마!"라고 소리치기. "까불지 마!"를 통해 조금씩 달라지는 아이의 겉모습과 조금은 황당해 하는 주변 반응을 견주어 보는 재미가 있다.

여러 장애물을 나름대로 물리치고 당당한 모습으로 집에 들어온 아이는 마지막으로 "까불지 마!"를 외치는데……. 아이는 정말 용기를 되찾은 걸까?

아이들은 주인공과 비슷한 경험을 꺼내며 공감하고, 통쾌해 하고, 억울해 하기도 한다. 아이들은 문제 상황에서 늘 해결책을 원하는 것은 아닐 것이다. 자신의 속상한 마음을 알아주는 것, 단순히 그때의 감정을 존중받고 싶은 것은 아니었을까? 어쩌면 들어 주는 것만으로도 충분할지도. 마지막 장면에서 어른들은 살짝 마음 한 편이 찔릴지도 모르겠다.

저학년

이 책에 나오는 아이는 처음에는 소심했다가 '까불지 마'라는 말을 알게 되고서는 기가 살았다. 그런데 엄마가 마지막에 꿀밤을 때려서 기가 죽었다. 나는 이 책에 나오는 엄마가 아이의 좋은 점을 봐 주는 눈을 가진 어른이 될 수 있다면 좋겠다. ¶

엄마는 자기 입장만 생각하는 것 같다. 그리고 아이들을 존중하지 않는다. 나는 다음에 커서 아이들을 존중해 주는 사람이 될 거다. ¶

고학년

주인공이 개, 고양이, 친구에게 무시당하고 존중받지 못하고 집에 울면서 돌아왔을 때 많이 슬펐을 것 같다. 동물한테까지도 존중받지 못하니까. 엄마가 알려 준 '까불지 마' 덕분에 무시당하지는 않았지만 엄마에게는 아직 존중받지 못한 것 같다. 존중받지 못하던 사람이 존중받기 위해 어떻게 했는지 그린 것 같다. ¶

어른이라고 아이에게 말을 막 하고 함부로 대하는 걸 잘 표현한 것 같다. 어른한테 "까불지 마!"라고 소리치는 건 잘못된 행동이지만, 어른도 아이한테 어리다고 말을 막 하는 건 잘못된 행동인 것 같다. 어른들도 아이들을 존중해 주었으면 좋겠다. ¶

그림책 활동지-저학년 서로서로 존중해요

1 내가 생각하는 '멋진 어른'은 어떤 어른인가요?

①

②

③

2-1 아래 두 노랫말을 감상해 보세요.

싫단 말이야
조민정 시, 백창우 작곡

왜 국에다 밥 말았어?

싫단 말이야.

싫단 말이야.

이제부턴

나한테 물어보고

국에 밥 말아 줘.

꼭 그래야 돼.

두 손으로 줘
이월아 시, 백창우 작곡

우리는 어른들한테 뭐 줄 때

두 손으로 주는데,

엄마는 왜 나한테 던지는 거야.

엄마도 우리한테 뭐 줄 때

두 손으로 주면 안 돼?

두 손으로.

2-2 그림책 《꼬마 이웃 미루》를 감상해 보세요.

2-3 그림책 《꼬마 이웃미루》에 나오는 어른들에 대해 이야기해 보세요.

2-4 어른들에게 존중받고 싶은 것은 무엇인가요?

①

②

③

3-1 그림책 《까불지 마!》를 감상해 보세요.

3-2 내가 바라는 어른의 모습을 몸과 관련해서 써 보세요.

(예) 잘 못해서 힘들어할 때 "괜찮아, 너무 실망하지 마." 하며 머리를 쓰다듬어
주는 손을 가진 어른

3-3 '이런 어른이 되어 주세요!'를 친구들과 함께 표현해 보세요.

3-4 작품을 감상해 보세요.

4 활동을 통해 배우고 느끼고 깨달은 점을 써 보세요.

아이들 활동 엿보기

■ **여러분이 생각하는 '멋진 어른'은 어떤 어른인가요?**

나를 믿어 주는 어른 / 위로해 주는 어른 / 웃으면서 인사해 주는 어른 / 친절

하게 대해 주는 선생님 / 우리나라를 지켜 주는 사람 / 실수로 물건을 깨뜨렸

는데 화내는 대신 괜찮다고 해 주는 어른

■ **두 노랫말을 감상해 보세요.**

• 엄마가 국에 밥 말았을 때 싫다고 말한 게 기억나요.

• 엄마가 물어보지도 않고 내가 그린 그림에다 전화번호를 쓰고 버렸다. 너무

  슬펐다.

• 엄마는 뭐 달라 그러면 던져 준다. 귤 달라니까 던져서 줬다.

■ **그림책 《꼬마 이웃 미루》에 나오는 어른들에 대해 이야기해 보세요.**

• 먼저 실천하는 것을 부끄러워한다.

• 방긋 아주머니는 미루의 이야기를 귀 기울여 들어 주었다. 뽀글 아줌마는

  별로 안 친절한 것이 아니라 무관심한 것 같다.

• 뽀글 아줌마는 미루가 어리다고 무시했다. 방긋 아주머니께서는 남을 위해

  서 할 수 있는 일은 하는 사람 같다. 반면 뽀글 아줌마는 애들은 참견할 일

  이 아니라고 말했다. 그렇게 말한 것을 보면 뽀글 아줌마는 남은 생각 안

  하고 자기만 생각하는 것 같다.

■ 어른들에게 존중받고 싶은 것은 무엇인가요?

· 내가 먼저 줄 서서 기다리고 있는데 날 밀쳤다. 좀 조심해 주셨으면 좋겠다.

· 뷔페에서 줄 설 때 끼어들지 않았으면 좋겠다.

· 기분을 물어보면 좋겠다.

· 나가서 도서관 간다고 말하기도 전에 "너, 놀러 가지?"라고 물어보지 않았으면 좋겠다.

· 슬픈 일이 있을 때 위로해 줘요.

■ 내가 바라는 어른의 모습을 몸과 관련해서 써 보세요.

· 아이의 입장에서 생각하는 머리를 가진 어른

· 내 표정을 보는 눈을 가진 어른

· 내가 말을 할 때 내 말을 집중해서 끝까지 들어 주는 귀를 가진 어른

· 우리한테 책을 읽어 주는 입을 가진 어른

· 슬플 때 "여기로 와."라고 하면서 안아 줄 수 있는 팔을 가진 어른

■ '이런 어른이 되어 주세요!'를 친구들과 함께 표현해 보세요.

'우리가 바라는 어른'
작품 함께 만들기

우리가 바라는 어른의 모습

■ **작품을 감상해 보세요.**

작품 감상하기

작품 감상하기

- 아이들이 이렇게 많이 똑같은 생각을 한 것이 신기했다.
- 안아 주는 팔이랑 생각하는 머리가 있는 어른, 이 두 개가 마음이 간다. 그리고 우리가 쓴 거랑 거의 비슷했다.

■ **활동을 통해 배우고 느끼고 깨달은 점을 써 보세요.**

- 나는 남의 맘을 알아주고 실수할 땐 "괜찮아."라고 말해 주는 어른이 될 거다. 친구들이 어떤 어른이 될지 알겠다.
- 엄마한테 배운 것을 알려 줄 거고, 엄마가 우리한테 많이 안 그랬으면 좋겠다.
- 우리의 몸으로 다른 사람을 존중할 수 있다는 걸 알게 되었다. 그리고 멋진 어른, 나쁜 어른들의 차이점을 알게 되었다.

그림책 미리 보기 2

방긋 아기씨
윤지회 글·그림 | 사계절

《마음을 지켜라, 뽕가맨!》이라는 작품으로 누구나 한 번은 겪어 봤을 법한 경험을 재미있게 풀어냈던 윤지회 작가의 그림책이다.

표지에 있는 화려하고 고급스러워 보이는 창문 속 아이는 누구를 보고 있는 것일까? 화려한 궁전에 사는 왕비는 마음 둘 곳이 없어 늘 외로웠다. 몇 년 후 아기가 태어났지만 아기는 한 번도 웃지 않았다. 왕비는 화려한 옷, 음식, 광대의 공연까지 동원해 보았지만 소용없었다. 도대체 어떻게 해야 아기를 웃게 할 수 있을까? 무엇이 아기를 웃게 했을까?

이 책은 '옛날 옛날에'로 시작하지만 자세히 살펴보면 옛날 물건이 아닌 카메라, 핸드폰, 컴퓨터가 등장한다. 아이들과 숨은그림찾기 하듯이 찾아보고, 숨겨진 뜻을 이야기해 보면 어떨까?

진정한 어른을 만나기 어려운 요즘 아이들에게, 중요한 어른의 역할은 무엇인지, 아이들 눈에 비친 어른의 모습은 어때야 하는지 고민을 던져 주는 책이다. 아이에게 정말 필요한 것은 화려한 옷과 음식이 아닌 '괜찮은 어른'의 모습이 아니었을까? 진정한 어른의 역할에 대한 고민은 "엄마가 웃을 때까지 기다리지 못한 딸이 엄마에게 드립니다."라는 작가의 말에서 조금 더 깊어진다.

방긋 웃으려면 주변 분위기와 사람들이 큰 역할을 하는 것 같다. 우리가 어른을 존경할 수 있으려면 어른이 먼저 다가와야 될 것 같다.

아기씨가 안 웃던 이유는 왕비가 웃지 않아서 그런 것 같다. 자식은 부모의 거울이라더니 그 말이 맞는 것 같다. 우리도 엄마 아빠가 아니더라도 다른 어른들을 보고 배우니 어른들도 잘해 주면 좋겠다.

아기가 웃지 못했던 까닭은 웃는 법을 몰랐기 때문인 것 같다. 아기가 진짜 원했던 것은 왕비가 자신을 보고 미소를 짓는 모습이 아닐까? 어른을 보고 자랄 아이를 위해 바쁘더라도 웃음 짓는 여유를 가져야 할 것 같다.

아이는 어른이 하는 것을 보고 따라 한다. 그래서 왕비가 웃어서 아기씨도 웃는 것 같다. 어린이들이 보고 배우는 것은 어른들이다. 그래서 아이가 잘못하면 혼만 낼 것이 아니라 자신의 행동을 되돌아봐야 할 것 같다.

엄마가 나를 위해서 모든 다 해 줘도 정작 나는 어른인 엄마를 보고 있다. 내 생각에는 엄마인 왕비님은 아기씨가 웃어 주길 원하고 아기씨는 엄마인 왕비님이 자신을 봐 줬으면 했던 것 같다. 참으로 와 닿는 책이다.

엄마, 잠깐만!
앙트아네트 포티스 글·그림 | 노경실 옮김 | 한솔수북

아이들이 자주 하는 말 가운데 하나가 "엄마, 잠깐만!"일 것이다. 하지만 부모들이 가지고 있는 나름의 사정으로 아이의 "잠깐만!"이라는 말을 들어 주지 못하는 경우가 많다. 그래서 언제부터인가 아이들은 어른들은 늘 그런다며 '잠깐만'이라는 말을 포기하게 된다.

어른들은 늘 바쁘다고 말한다. 그림 속 엄마도 바빠 보인다. 하지만 아이를 무시하거나 화를 내진 않는다. 그렇다고 아이의 목소리에 귀를 기울이는 것 같진 않다. 모든 어른이 그렇듯 엄마에게도 나름의 사정은 있다.

그림이 단순하고 글도 적지만 누구나 한 번쯤 겪어 본 일이라 고학년 아이들도 몰입해서 읽을 수 있다. 그림책 곳곳에는 다음에 만나게 될 대상들이 숨어 있으니 함께 찾아보는 것도 재미있다.

아이들은 부모님께 느꼈던 서운한 마음을 이야기하며 털어내기도 하고 위로해 주기도 한다. 부모님도 그럴 만한 사정이 있었을 거라며 이해해 주는 모습을 보이기도 한다. 이렇게 서로의 입장을 이해하고 존중하는 모습이 아이들이 자라고 있다는 증거가 아닐까?

엄마는 아이보다 여유가 없다. 여유가 있으면 스쳐 지나갈 만한 것도 눈여겨보고, 아름다운 것들도 볼 수 있을 텐데 아쉽다. 그리고 또 놓칠 만한 무지개를 아이를 통해 볼 수 있게 됐다. 아이가 엄마에게 여유를 만들어 줬다. 그리고 엄마는 아이를 좀 더 생각하고 함께 "잠깐만!" 외칠 수도 있을 거다. 엄마도 옛날에 "잠깐만!" 했던 기억이 날 거다.

마지막에서 엄마가 아이의 말을 들어 줬듯이, 어른들이 아이들 말을 들어 주면 서로 힘이 날 것 같다.

마지막에 무지개가 너무 아름다웠다. 마치 엄마와 아이 사이가 더 가까워진 것처럼.

어릴 때 호기심이 많은 것은 당연하다. 전에 나도 엄마한테 "엄마, 잠깐만. 민들레야."라고 했다가 유치원 늦겠다고 혼난 적이 있다. 어른들은 시간이 아까워서인지 바쁘게 행동한다. 하지만 아이들은 모든 게 신기해 보여서 느릿느릿 행동한다. 어른들은 아이들의 특성을 잘 생각해서 행동해야 한다.

이 아이가 강아지를 구경할 때와 물고기를 구경할 때는 그림 속에 그 아이와 구경하는 것밖에 나오지 않았다. 엄마는 이 아이가 보는 세상을 같이 볼 수 없는 것 같다. 그러나 마지막에 무지개를 볼 때는 둘 다 같이 무지개를 보고 있다. 아이와 엄마가 보는 게 같은 것이라는 뜻 같기도 하다.

그림책 활동지-고학년 <u>서로서로 존중해요</u>

1-1 어른들이 하는 행동 가운데 나를 무시하거나 기분 나쁘게 하는 행동에는 어떤 것들이 있나요?

①

②

③

1-2 아래 두 노랫말을 감상해 보세요.

싫단 말이야	두 손으로 줘
조민정 시, 백창우 작곡	이월아 시, 백창우 작곡
왜 국에다 밥 말았어?	우리는 어른들한테 뭐 줄 때
싫단 말이야.	두 손으로 주는데,
싫단 말이야.	엄마는 왜 나한테 던지는 거야.
이제부턴	엄마도 우리한테 뭐 줄 때
나한테 물어보고	두 손으로 주면 안 돼?
국에 밥 말아 줘.	두 손으로.
꼭 그래야 돼.	

1-3 어른들이 어린이들에게 하는 말 가운데 듣기 싫은 말이나 하지 말았으면 하는
    말에는 어떤 것들이 있나요?

    ①

    ②

    ③

1-4 그림책 《까불지 마!》를 감상해 보세요.

2-1 내가 바라는 어른의 모습을 몸과 관련해서 써 보세요.

    (예) 특별한 이유 없이 무기를 잡지 않는 손을 가진 어른 / 아이들과 대화할 때 눈
    높이를 맞추기 위해 무릎을 꿇어 주는 어른

2-2 '이런 어른이 되어 주세요!'를 친구들과 함께 표현해 보세요.

2-3 작품을 감상해 보세요.

3-1 나에게 어른은 어떤 존재인가요?

3-2 그림책 《방긋 아기씨》를 감상해 보세요.

3-3 '진짜 어른'은 어떤 어른일까요?

4-1 어린이와 함께 이 세상을 가장 멋지게 살아갈 어른을 찾는 안내문을 짝과 함께 만들어 보세요. 친구들이 찾았다고 쓸 공간을 마련하세요.

① 안내문 제목:

② 어떤 어른:

4-2 친구들이 찾는 어른을 찾아서 알려 주세요.

- 언제 어디에서 보았는지, 어떤 모습이나 행동을 했는지, 생각이나 느낌을 써서 알려 주세요.
- 사진을 찍을 수 있다면 허락을 얻고 사진을 찍어서, 그 순간을 놓쳤다면 재현을 부탁해서 찍어도 좋습니다.
  - 얼굴이 나오지 않게, 존중하는 모습이 잘 드러나게 찍으세요.
  - 사진을 찍고 나서 '어린이를 존중하는 멋진 어른'을 소개하기 위해서 사진을 찍었다고 말씀드리고 사진을 써도 좋다는 허락을 받으세요.

4-3 우리가 찾은 어른에 대해 이야기를 나눠 보세요.

5-1 그림책 《엄마, 잠깐만!》을 감상해 보세요.

5-2 어른들에게 존중받고 싶은 것은 무엇인가요?

①

②

③

5-3 위에서 답한 것 가운데 하나를 골라 모둠 친구들과 함께 이 세상 어른들에게 알리는 동영상을 만들어 보세요.

① 동영상 제목:

② 동영상 내용:

③ 맡은 일:

5-4 친구들의 작품을 감상해 보세요

6 활동을 통해 배우고 느끼고 깨달은 점을 써 보세요.

아이들 활동 엿보기

■ 어른들이 하는 행동 가운데 나를 무시하거나 기분 나쁘게 하는 행동에는 어떤 것들이 있나요?

- 엘리베이터에서 내가 바로 앞에서 뛰어가며 "잠깐만요!"라고 했는데 무시하고 가는 어른
- 엄마와 같이 물건을 살 때는 바빠 보여도 가서 알려 주는데 나 혼자 갈 때는 손가락으로 가리켜 주는 것
- 내가 먼저 계산을 하는데 갑자기 끼어들어서 먼저 계산하는 어른
- 틈만 나면 "내가 너만 할 땐 말이야……"라고 하는 어른
- 나 혼자 충분히 할 수 있는데 맨날 도와줘서 재미없게 하는 어른
- 내가 하지 않았는데 했다면서 자기주장만 내세우는 어른

■ 두 노랫말을 감상해 보세요.

- 우리가 원하는 어른들의 모습이 담겨 있어서 좋았다.
- 진심이 담겨 있는 것 같은 노랫말이 마음에 와 닿았다. 유치원 애들도 불만이 참 많다는 걸 알았다.
- 나도 이렇게 말을 하고 싶다. '어른들이 진짜 이런 것들을 하지 않으면 좋겠다.'라고.

■ 어른들이 어린이들에게 하는 말 가운데 듣기 싫은 말이나 하지 말았으면 하는 말에는 어떤 것들이 있나요?

- "왜 걔보다 공부를 못해?"라고 비교하는 말. "나중에 뭐가 되려고?"라는 말.

- 가고 싶은 대학이 있는데 "공부 안 하면 명문 대학 못 간다."라는 말. "몇 년 만 있으면 중학교 가는데 왜 아직도 철이 없니?", "여자애가 왜 이렇게 힘 이 세?"라며 성차별 하는 말.
- 어른들 이야기에 끼어들지 말라고 하는 말. 만나자마자 성적 물어보는 말. 남자 친구 있냐고 나의 비밀을 캐묻는 말.

■ **내가 바라는 어른의 모습을 몸과 관련해서 써 보세요.**

- 자신이 잘못한 것을 깨닫고 바로잡을 수 있는 머리를 가진 어른
- 나를 있는 그대로 바라봐 줄 수 있는 눈을 가진 어른
- 힘든 일을 솔직히 털어놓는 입을 가진 어른
- 완벽하진 않지만 전보다 실력이 조금이라도 늘었으면 "이것밖에 못해!"가 아니라 "많이 늘었네."라고 말해 주는 입을 가진 어른
- 내가 누군가보다 뒤처지더라도 나를 버리지 않고 손을 내주는 어른
- 필요한 것이 있을 때 시키지 않고 스스로 가져오는 다리를 가진 어른

■ **'이런 어른이 되어 주세요!'를 친구들과 함께 표현해 보세요.**

'우리가 바라는 어른'
작품 함께 만들기

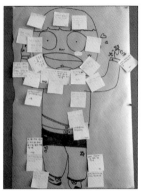

'우리가 바라는 어른' 작품

■ **작품을 감상해 보세요.**

• 어른이 정말로 우리한테 이런 멋진 모습을 보여 주면 좋을 거 같다. 그리고
왜 어른들은 자기보다 높거나 비슷한 사람한테만 잘 보이려고 할까? 우리
한테도 그러면 좋을 텐데.

• 좋은 생각이 많이 나온 것 같고, 쓴 것처럼 멋진 어른이 되도록 노력해야겠
다. 그리고 어른들이 우리가 쓴 것처럼 해 줬으면 좋겠다.

• 생각보다 어른들에게 바라는 것이 많았다. 그런데 다는 아니어도 조금이라
도 그런 태도를 갖출 수 있는 어른들(어린이를 존중하는 어른들)이 내 주변에
많으면 좋겠다.

• '친구들이 바라는 어른은 이런 어른이구나.' 알게 되었고, 실제로 우리가 바
라는 대로 이런 좋은 점을 지니고 있는 어른이 있을까 싶었다. 우리가 바라
는 대로 나중에 그런 어른이 되면 좋겠다.

• 나와 똑같은 생각을 한 친구들도 있고 다른 생각을 쓴 친구도 있는데, 대체
로 우리는 우리를 존중해 주는 어른을 생각하고 있는 것 같다.

■ 나에게 어른은 어떤 존재인가요?

어쩔 땐 좋게, 어쩔 땐 나쁘게 받아들이는 예상할 수 없는 존재 / 우리가 잘못한 걸 잡아 주는 존재 / 틈만 나면 잔소리를 하는 사람 / 어떨 땐 좋고, 어떨 땐 화가 나기는 하지만 꼭 필요한 존재 / 모두 어린이 시절을 거친 존재

■ '진짜 어른'은 어떤 어른일까요?

• 되는 건 된다고 해 주고, 안 되는 건 안 된다고 해 주는 어른

• 자기가 한 일에 책임을 지는 어른

• 일하면서 그만두고 싶다고 말하지 않는 어른

• 사소한 일에도 고마움과 미안함을 표현하는 어른

• 권력이 있다고 편하게 살지 않는 어른

• 차근차근 설명해 주는 어른

• 어린이들을 무시하지 않고 존중해 주는 어른

• 어른의 세상만 보지 않고 아이들의 세상도 보는 어른

• 행복이 평범함에서 온다는 것을 아는 사람

■ 어린이와 함께 이 세상을 가장 멋지게 살아갈 어른을 찾는 안내문을 짝과 함께 만들어 보세요.

• 내가 인사했을 때 친절히 "그래, 안녕."이라고 받아 주는 어른

• 골목길에서 어린이 먼저 지나갈 수 있도록 차를 세워 주는 어른

• 신호등을 건널 때 우회전하지 않고 기다려 주는 어른

• 말을 끝까지 듣는 어른

• 부드럽게 말해 주는 어른

• 두 손으로 주는 어른

- 어린이가 배울 것이 있는 어른

- 모두에게 공평한 어른

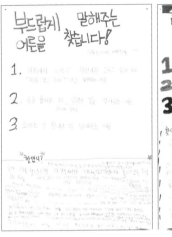 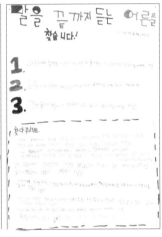 

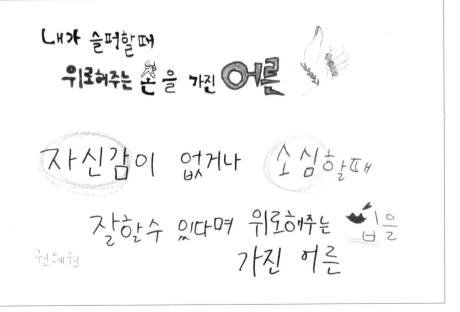

'어른을 찾습니다!' 작품

찾은 어른 제보하기   어린이가 올 때
담배를 꺼 주신 아저씨

■ **친구들이 찾는 어른을 찾아서 알려 주세요.**

- 수영이 끝난 뒤 차 타고 집에 가는 길에 신호를 기다리게 되었다. 파란 불이 켜졌고 우회전하려는 차들을 지켜봤는데, 반대편에서 걸어가는 아이들이 길을 건널 때까지 끝까지 기다려 주었다.

- 애완견을 산책시키고 있는 어른이 공원에 떨어져 있는 쓰레기를 줍는 걸 보았다.

- 학원 다녀와서 집에 가고 있는데 뒤에서 모녀가 따라오고 있었다. 1층 현관문을 열고 들어갔는데 모녀가 들어오기 직전 문이 닫혔다. 그래서 센서 있는 곳에 손을 흔들어 문을 열어 드렸다. 어머님께서 고맙다며 요구르트젤리를 주셨다.

- 롯데리아 건널목에선 중·고등학생들은 그냥 신호 무시하고 막 건너고 어른들도 거의 신호를 지키지 않는다. 어른들 중에서도 아이가 있는 분만 지키고 열에 아홉은 지키지 않는다. 그런데 일요일에 교회 다녀오는 길에 신호를 기다리고 있는데 한 아저씨가 옆에서 같이 신호를 기다려 주셨다.

■ **우리가 찾은 어른에 대해 이야기를 나눠 보세요.**

• 눈여겨서 살펴보니까 우리 주변에 멋진 어른들이 많은 것 같다. 밝고 웃음이 많은 어른들이 멋진 어른 같고, 나도 그런 어른이 될 수 있도록 밝게 웃으면서 지내야 되겠다.

• 찾는 어른이 모두 평범한 어른이다. 높고 훌륭한 사람이거나 이름이 알려진 그런 사람이 아니다. 우리가 찾은 어른들을 보니까 이런 어른이 많이 있으면 세상이 더 밝아지겠구나 생각했다.

• 생각보다 어린이를 존중해 주는 어른이 많다는 걸 알았다. 거의 다 봤던 사람들인데 내가 찾지 못한 것 같다. 존중받을 때는 기분이 참 좋았다. 나도 커서 그런 어른들처럼 어린이를 존중하는 멋진 어른이 되겠다고 생각했다. 어린이에게도 존중받는 어른이 되기 위해 말이다.

• 이 세상에는 나쁜 어른들이 더 많을 거라고 생각했었는데 이 활동을 하게 되어 더 관심을 갖고 눈여겨보니 친절하고 착한 어른이 많았다. 도와주는 어른도 도움을 받는 나도 기분이 좋았다.

■ **어른들에게 존중받고 싶은 것은 무엇인가요?**

• 놀이터에서 놀고 있는데 시끄럽다고 하지 않으면 좋겠다.

• 안전을 생각하며 노는데, 내 방식대로 노는 것을 존중해 주면 좋겠다.

• 내 장래 희망에 대해서 비난하거나 간섭하지 않으면 좋겠다.

• 다른 사람들 앞에서 내가 싫어하는 말을 하지 않는 것

• 나에게 주어진 시간을 계획할 수 있는 자유

• 도와주려고 하면 가만히 있는 게 도와주는 거라고 말하지 않기

• 혼날 때 딱 그 일로만 혼나는 것

• "어리니까 몰라도 돼."라는 말을 하지 않았으면 좋겠다.

■ 하나를 골라 모둠 친구들과 이 세상 어른들에게 알리는 동영상을 만들어 보세요.

동영상 촬영 과정

내 단점을 함부로 말하지 마세요

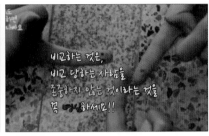

비교하지 마세요

친절하게 말해 주세요

나의 꿈도 존중해 주세요

격려해 주세요

너는 몰라도 돼

■ **친구들이 만든 동영상을 감상해 보세요.**

• 공감되는 부분이 참 많았다. 그 중 하나를 꼽자면 주황 모둠이 했던 주장이
다. 부모님이 옷에 대해 지적을 많이 하시는데 그럴 때면 짜증이 난다. 부
모님들이 이 영상을 보면 재밌어 하시면서도 뜨끔해 하실 것 같다.

• 놀고 있는데 언제 오냐고 자꾸 카톡이 오는 부분이 공감됐다. 그리고 무조
건 안 된다고 하는 엄마보단 그렇게 생각하고 말해 줘서 고맙다고 말한 엄
마가 더 좋아 보였다.

• 여태 어른들에게 불편했던 것들을 말하고 생각할 수 있었던 시간이었던 것
같다. 어른들이 이 UCC를 보면 미안한 마음을 가지게 될 것 같고 어린이들
을 존중해 줄 것 같다. 하지만 그 전에 내가 먼저 어른을 존중하고 배려하
는 마음을 가져야겠다.

• 어른들이 이걸 본다면 창피할까? 아니면 뻔뻔스럽게 "쳇, 어른을 존중해야
지."라고 말하실까? 나는 어른들이 이걸 보신다면 창피해 하시면 좋겠다.
그래야만 할 것 같다. 우리를 배려하지 않은 거처럼 말이다. 영상 중에 하
나라도 보시면 좋겠다. 진지하게.

• 친구들이 동영상으로 만들어 보여줘서 더 많은 존중을 알게 되었다. 존중을
안 해 주는 어른을 보면 내가 먼저 존중을 해 줄 것이다.

■ **활동을 통해 배우고 느끼고 깨달은 점을 써 보세요.**

• 어른들이 생각보다 우리를 많이 존중하지 않고 있다는 것을 알았다. 하지만
어른들이 우리를 존중할 수 있게 만드는 방법이 있다. 그것은 바로 우리가
어른들을 존중하는 것이다. 우리가 어른들을 존중하지 않으면 어른들도 우
리를 존중하지 않을 확률이 더 높아질 것이다. 그래서 우리도 노력해야 한
다. 그러면 어른들도 노력할 것이니까.

- 활동지의 활동을 하는데 친구들이 원하는 어른의 모습들이 참 많았다. 그만큼 우리가 존중받지 못하는 부분이 많다는 것이라고 생각했다. 그래서 내가 성인이 된다면 지금 이렇게 어른들에게 불만인 점을 떠올려서 어린이들을 존중할 것이다. 그리고 존중하는 어른을 찾는 활동을 했을 때 친구들이 찾은 어른들과 내가 찾은 어른을 보고 '그렇게 이기적인 사람들만 있는 것은 아니구나.'라고 깨달았다. 일단 나부터 남을 존중해야 할 것 같다.

- 어른들은 어떤 존재인지, 우리를 얼마나 존중하고 있는지 잘 알았다. 우리 반 애들이 어떤 어른을 원하고 우리 어린이들을 얼마나 존중을 하면 좋은지도 알았다. 난 어린이를 존중하고 어린이를 위해 살고 어린이에게 엄청 잘해 주는 어른이 될 것이다. 내가 어른에게 많이 존중받진 못해서 미래의 애들에게라도 잘해 줄 것이다.

- 학생인 내가 어른에 대해 소개를 하고 동영상을 만든다는 게 새로운 느낌이 들었고, 세상에는 착한 어른도 많다는 것을 알게 되었다. 그리고 동영상을 찍을 때 밖에서 찍어서 너무 춥기도 했지만 그러면서 친구들과 추억을 쌓은 게 좋았다. 잘 안 나올 줄 알았는데 친구들이 웃으면서 봐 준 게 고마웠다. 처음 찍을 땐 너무 오래 걸렸는데 이번엔 꽤 빨리 찍어서도 좋았다. 내가 어른이 되면 어른이라고 허세 부리지 않고 다른 사람을 배려하고 존중하는 어른이 되고 싶다. 그러기 위해 나는 나만 생각하는 이기적인 사람이 되지 않고, 사람들과 함께 도우며 살아야겠다.

- 〈싫단 말이야〉라는 노래는 나도 공감이 많이 됐다. 아침에 바빴을 때, 엄마가 국에 밥을 말아 주어서 엄마에게 이 노래를 불러 줬다. 엄마는 그 다음부터 먼저 물어봐 줬다. 엄마가 나를 존중해 준 것 같아 이 활동이 의미가 있다고 생각했다. 존중받고 싶은 것 중 한 가지를 엄마에게 말해 보았는데 엄마가 그 약속은 꼭 지켜 주었다. 너무 좋았다.

부모님과 함께 하는 활동지
서로 존중하며 살아가요

아이들이 가장 흔하게 만나는 어른은 함께 사는 부모님이다. 부모님과 이야기하며 배움을 가정까지 연결하는 것이 이 활동의 목적이다. 부모님에게는 자신의 모습을 돌아볼 시간을, 아이들에게는 생생한 부모님의 이야기를 듣는 기회를 준다.

요즘 어른과 아이가 함께 존중하고 존중받는 것에 대해 이야기를 나누고 있습니다. 아이들이 생각하는 멋진 어른에 대해 이야기 나누다 문득 어른들이 생각하는 멋진 어른은 어떤 어른인지 모두 궁금해졌습니다.

아이들은 어른을 만나며 어른이 되어 갑니다. 멋진 어른을 많이 볼수록 아이들도 그렇게 되고 세상은 더 아름다워질 것입니다. 아이들에게 어떤 어른이 되면 좋겠다고 속삭여 주는 시간이면 좋겠습니다.

---

1 (부모님) 어렸을 때 존중할 만한 정말 멋진 어른을 만난 적이 있으시지요? 또 어른을 미워하거나 싫어한 경험도 있으시지요? 어떤 어른이 먼저 떠오르시나요? 어떤 어른인지, 또 그때의 생각이나 느낌은 어떠셨는지 말씀해 주세요.

2-1 요즘 어른들은 어린이를 얼마나 존중할까요?

아이 생각	
부모님 생각	

2-2 요즘 어린이들은 어른을 얼마나 존중하고 존경할까요?

아이 생각	
부모님 생각	

3 어떤 어른이 어린이가 존중할 수 있는 멋진 어른일까요?

아이 생각	
부모님 생각	

4 멋진 어른이 되고 싶어 하는 우리 아이들에게 해 주고 싶은 말씀이 있으시지요?
아이에게 속삭이듯 말씀해 주세요.

5 활동을 통해 배우고 느끼고 깨달은 점을 써 보세요.

아이 생각	
부모님 생각	

부모님과 함께 한 활동 엿보기

■ 어렸을 때 만난 존중할 만한 정말 멋진 어른과 반대로 미워한 어른 중 어떤 어른이 먼저 떠오르시나요? 어떤 어른인지, 또 그때의 생각이나 느낌은 어떠셨는지 말씀해 주세요.

존중할 만한 멋진 어른

- 중학교 2학년 때 담임 선생님이 떠오르네요. 아빠가 돌아가셔서 기죽어 있을 때 많은 용기와 격려를 해 주시고 공부의 필요성을 깨닫게 해 주신 분이라 지금까지 기억이 납니다.

- 내가 존중했던 분은 친구의 아버지시다. 시골에 살아서 늘 농사일로 바빴던 우리 부모님과 달리 도시에서 이사를 왔던 내 친구의 아버지는 아이들 방에 예쁜 벽지를 바르고 손수 책꽂이와 책상 등을 만들어 주셨다. 그 모습이 부럽기도 하고 아이들을 사랑하는 마음이 느껴졌다.

- 중학교 때 교장 선생님. 할아버지로 불리던 분이셨다. 학교에서 체벌을 금하셨고, 참여 수업, 학생 주도적 수업으로 혁신 수업을 하셨다. 그리고 겨울에 학생들을 위해 갈비집에서 쓰는 최신 석탄 난로를 쓰게 하셨다. 지금도 내 기억에 최고의 어른이시다.

- 리어카를 끌고 가는 할아버지를 어떤 아주머니께서 뒤에서 밀어 주는 모습을 봤다. 나도 저런 어른이 되어야겠다고 생각했다.

- 중학교 때 국어 선생님이 많이 생각납니다. 칭찬과 격려, 꾸지람과 함께 항상 학생들 생각하는 맘이 깊으셨던 것 같습니다. 아무 이유 없이 어린애를 야단쳤던 어른이 지금도 안 좋은 기억으로 남습니다.

미워한 어른

- 말이 많고 남을 험담하는 아주머니가 떠오른다. 나는 그 아주머니처럼 남을 험담하지 않고 생각 없이 말을 함부로 하지 않겠다고 다짐했다.
- 부모님. 삶에 바쁘고 자녀와 대화할 시간이 없었기에 부모님은 늘 어려웠다. 권위적이어서 나의 걱정이나 생각을 이야기하기 어려웠다. 소통하기 어려운 어른이었다.
- 미워한 어른이 한 분 계셨는데 국민학교 4학년 때 선생님이셨다. 선생님의 얼굴은 항상 찡그린 얼굴이었고 화만 내는 선생님이어서 나의 4학년이 불행하다고 느꼈다.

■ 요즘 어른들은 어린이를 얼마나 존중할까요?

아이 생각

- 똑똑한 어린이만 존중하는 것 같다.
- 자신보다 어리다고 생각하니 어른보단 어린이에게 함부로 대한다. 존중은 많이 안 하는 것 같다.
- 자기 뜻대로, 좋을 때는 좋고 싫을 때는 화풀이하는 것 같다.
- 별로. 꼬마는 알 필요 없다, 생각할 필요 없다면서 무시하는 게 별로 기분이 좋지 않다. 말이라도 예쁘게 해 주지.
- 우리한테 물어보긴 하지만 결국 결정은 어른이 한다. 우리한테는 그냥 물어보기만 한다.
- 부모님 말씀으로는 어른들이 많이 나아졌다곤 하지만 뉴스를 보면 아직은 좀 먼 것 같다.

부모님 생각

• 뉴스며 여러 매스컴을 통해 비춰지는 너무도 무섭고 무책임한 어른들의 모습에 존중이란 단어가 참으로 부끄러울 뿐이다.

• 우리 어린 시절을 생각하면 상대적으로 요즘 어린이들이 많이 존중받는다는 느낌이 든다. 한편으로 지나치게 아이들 인생에 관여하고 매달리는 경향도 있는 것 같다.

• 나름 존중하는 마음으로 대해 준다고 다가가면 무언가를 계속 바라는 것 같아 존중을 어떻게 설명해 줘야 할지 모르겠다.

• 많은 어른이 어린이를 존중해 줍니다. 하지만 그렇지 않고 어린이를 자신의 소유인 양 정신적·신체적 학대를 자행하고 이를 부모의 특권인 양 합리화하는 어른들이 있는 현실이 안타깝습니다.

• 서로 반반인 것 같습니다. 바쁘게 살다 보니 어른들도 아이들과 대화가 부족하고 서로의 마음을 잘 헤아리지 못하는 것 같네요.

■ 요즘 어린이들은 어른을 얼마나 존중하고 존경할까요?

아이 생각

• 누구냐에 따라 다르지만, 어느 정도 예의만 지킬 뿐이지 존경까지는 잘 모르겠다.

• 자신과 관련된 어른들은 거의 다 존중하고 존경하는 것 같다.

• 엄마가 나를 위해 돈 벌어 먹여 살리니까 존중하고 존경한다.

부모님 생각

• 조기 교육으로 부모님들이 짜 놓은 계획대로 바쁘게 살아가는 어린이들에

겐 어른을 존중하고 존경할 마음의 여유도 없을 것 같습니다.

• 아이들은 자기 마음속에 무엇인가 느껴져야 존중한다. 어른들이라고 해서 무조건 존중하지는 않는 것 같다.

• 요즘 아이들은 자기중심적이어서 어른을 존중하고 존경하기보다는 같은 위치로 보는 것 같다.

• 질문에 자신 있게 대답할 수가 없어서 슬프다. 매일 보도되는 많은 뉴스들이…… 하지만 가까운 주변에서 이웃을 위해 노력하는 많은 사람을 볼 수 있기를 바란다.

■ 어떤 어른이 어린이가 존중할 수 있는 멋진 어른일까요?

아이 생각

• 잘못을 해도 소리 지르지 않고 잘못이란 걸 알려 주는 어른

• 우리를 '꼬맹이', '아무것도 모르는 애'라고 낮춰 부르지 않는 어른

• 차별이나 편견을 갖지 않고 모든 걸 동등하게 보는 어른

• 아이들이 행복할 수 있도록 노력해 주는 어른

• 무슨 일이 있어도 평정심을 유지하고 차분한 어른

부모님 생각

• 어린이의 상상력이나 창의력을 인정해 주는 어른

• 스스로 생각할 수 있는 시간을 줄 수 있는 어른

• 하고 싶은 것을 잘할 수 있도록 격려해 주는 어른

• 본인의 행복이 중요한 만큼 타인의 행복을 존중해 주는 어른

• 아이에게도 미안하다고 사과할 수 있는 어른

- 옳다고 생각하는 것을 말하고 말한 대로 행동하는 어른
- 어린이의 이야기를 공감하고 존중해 주는 어른

■ 멋진 어른이 되고 싶어 하는 우리 아이들에게 해 주고 싶은 말씀을 해 주세요.

- 엄마도 예린이처럼 똑같은 어린 시절을 보냈단다. 때로는 실수하고 칭찬받은 적도 있었고 좌절한 적도 있었고 성취한 적도 있었지. 중요한 것은 어른은 완벽한 존재가 아니라는 것이고 어른이나 아이나 모두 시행착오를 거치면서 성장한다는 거야. 우리 모두 조금씩 어제보다 나은 삶이 될 수 있도록 노력하자.

- 지금 생각하는 그런 멋진 어른이 되기 위해 노력하면 나중에 정말 멋진 어른이 되어 있을 거야. 그리고 주변의 사람들을 좀 더 자세히 살펴보면 지금도 많은 멋진 어른을 찾을 수 있단다. 멋진 사람을 많이 찾을수록 너도 멋진 사람이 될 거라고 생각해.

- 어른이 되면 책임감도 필요하고 좋은 것도 있지만 아쉬운 점도 많아. 지금 이 시간이 어른이 되는 하나의 과정이니까 친구, 가족 간에 대화를 많이 하면 좋겠다. 서로의 마음을 이해하고 생각해 주는 멋진 어른이 되기를!

- 아기든 친구든 어른이든 그 누구에게라도 배울 수 있는 사람, 누구에게라도 배우기를 멈추지 않는 사람은 겸손할 수밖에 없고 성장할 수밖에 없단다. 배운다는 것은 멋진 일이란다. 그 누구에게라도 배울 수 있다면 멋진 어른이 될 수 있을 거야. 나무가 햇살, 비, 바람, 번개…… 모든 것을 받아들이며 오래도록 자라 가는 것처럼 그렇게 자라 가면 분명히 멋진 어른이 될 수 있을 거다.

- 많이 부족한 어른이라 무슨 말을 해 줄까? 엄마 생각에 멋진 어린이가 멋진 어른이 되는 것 같아. 그러니까 지금 이 시간에 충실하고 바른 가치관을 가

지고 살다 보면 멋진 어른이 되어 있는 자신과 만날 수 있을 거야.

■ **활동을 통해 배우고 느끼고 깨달은 점을 써 보세요.**

아이

• 나도 10년, 11년 뒤면 어른이 되는데, 그때 '멋진' 어른이 될 것이다. 남을 잘 존중해 주고 어린이도 존중해 주고, 남을 잘 생각해 주는 사람 말이다.

• 엄마가 보는 것들과 내가 보는 것이 달라서 생각이 조금씩 다르다는 것을 알게 되었다. 그리고 아이들이 어른에게 존중받으려면 아이들도 어른들을 존중해야 할 것 같다.

• 엄마의 생각 중 '어린이는 어른의 거울'이라는 말이 마음에 들었다. 엄마와 나는 완벽하지 않으니 서로를 위해 조금 더 노력해야겠다.

• 내가 생각하는 멋진 어른과 싫은 어른이 아빠가 어렸을 때 생각한 어른이랑 똑같았다. 시대가 다르다고 다른 건 아닌 것 같다.

부모님

• 우리 아이들에게 비춰지는 '어른'으로서의 모습을 다시 한 번 생각해 보게 해 줍니다. 눈살을 찌푸리게 하는 어른이 아닌 배우고 싶고 마음을 따뜻하게 해 주는 어른이 되고 싶네요.

• 아이들이 바라는 어른의 모습을 평상시엔 생각을 안 하고 살았는데 아이들은 어른의 모습을 보며 성장한다는 것을 항상 인지하고 말과 행동이 같은 어른, 좋은 자연 환경을 물려주기 위해 환경 보호에도 더 관심을 가지고 살아야겠다는 생각이 새삼 다시 드는 좋은 기회였습니다. 그리고 아이들이 더 안전하고 행복하게 웃을 수 있는 사회가 되기를 어른들이 함께 노력했으면

좋겠다는 생각을 가지게 되었습니다.

• 일단 많은 반성을 하게 되네요. 내가 무시하고 싶었던 어른 모습이 내 모습에도 있진 않은지……. 반성 많이 합니다.

• 현재 '엄마'라는 사람이 어른이기에 진정한 어른의 모습을 잊고 살았는데 이 기회를 통해 어른의 진정성을 생각하게 되었고, 이제는 딸에게 본보기가 되는 어른의 모습을 보여 주어야 한다는 책임감을 절감하였다.

• 아이들이 부모를 어떠한 마음으로 보고 느끼고 있는지 생각하는 계기가 되었다. 어른이 아닌 아이들의 눈높이에서 아이들의 마음을 봐 줘야겠다는 생각이 듭니다.

• 제가 아이에게 어떤 어른인가 생각해 보게 되었습니다. 좀 더 겸손하게 자녀에게 배우는 자세로 자녀의 생각과 선택을 존중해 줘야겠구나 하는 생각이 들었습니다.

함께 볼만한 그림책

선생님은 너를 사랑해 왜냐하면
강밀아 글·안경희 그림 | 글로연

아이들이 집 밖에서 만나는 어른 가운데 가장 오랜 시간 만나고 깊은 관계를 맺는 어른이 바로 선생님이다. 어린이집, 유치원을 비롯해서 학교에서 만나는 선생님들이 아이들을 얼마나, 어떻게 존중하는지를 아이들은 그대로 보고 배운다.

잘 우는 아이, 일러바치기 좋아하는 아이, 힘으로 친구들을 제압하는 아이…… 그런데 선생님은 아이들이 그런 면을 좋게 쓰는 장면을 짚어 주며 사랑한다고 말한다. 고자질하는 아이에게 "너는 새 소식을 제일 먼저 알려 주거든." 하고 말하는 식이다. 서로를 존중한다는 것은 서로가 가진 특징, 장점을 알아봐 주는 것임을 알게 된다.

할머니 엄마
이지은 글·그림 | 웅진주니어

아이들이 자신을 존중하는 어른을 떠올릴 때 가장 먼저 떠오르는 사람은 할머니, 할아버지일 것이다. 《할머니 엄마》를 함께 읽으면 "맞아 맞아!" 하며 고개를 끄덕이는 아이들의 모습을 볼 수 있다. 아이들은 자꾸 떼를 쓰는 지은이를 나무라며 할머니 편을 들기도 하고 자기 할머니 이야기도 꺼낸다. 그림책 속 지은이네 할머니는 지은이의 말을 잘 들어 주고 마음을 알아준다. 떼를 쓰면 혼내거나 가르치려 드는 대신 지은이와 다정히 이야기를 나눈다. 존중은 배워서 아는 것이 아니라 겪으며 깨우치는 것이다. 어른에게 존중을 받아 본 아이만이 어른을 존중할 수 있고, 또 아이를 존중하는 어른으로 자란다.

수업 나누기

우리는 모두 어린이를 거쳐 어른이 되었다. '어른들은 도대체 왜 저럴까?'라는 생각을 몇 번씩은 하면서. 하지만 세월이 흘러 어른이 되면 그때의 마음을 잊어버리고 어른이니까 당연히 존중받아야 한다고 생각한다. '남의 인격, 사상, 행위 따위를 받들어 공경'하는 '존경'이 일방적인 것이라면 존중은 양방향이다. 이런 관점에서 '존중'을 이야기하고 싶었다. 그런데 어른은 아이를 이해하지 않고, 아이는 어른을 이해할 수 없는 세상에서 서로에 대한 존중은 도덕책 속의 재미없고 뻔한 내용으로 존재할 뿐이다. 그래서 활동을 통해 느끼고 깨닫게 하고 싶었다. 삶 속으로 '존중'이라는 가치를 가져올 때 비로소 아이들은 괜찮은 어른이 될 것이기 때문이다.

존중받고 싶은 것들을 털어놓는 것만으로도 아이들은 무척 후련해 했다. 아이들이 바라는 어른의 모습을 몸과 관련하여 써 보는 활동은 아이들의 생각을 더욱 자세하고 현실감 있게 만들어 주었다. 자연스럽게 자신도 그런 어른이 되고 싶다고 이야기했다. 아이를 존중해 주는 멋진 어른을 주변에서 찾아보는 활동을 시작할 때는 어려움이 많았다. 자신들을 존중해 주는 멋진 어른은 없다며 찾기 힘들 것이라 했다. 그래서 시간을 여유 있게 주고 주변을 잘 관찰할 수 있도록 힘을 북돋아 주었다. 또 서로 제보할 수 있는 공간을 주어 멋진 어른을 공유할 수 있도록 했다. 시간이 지날수록 아이들은 멋진 어른의 모습을 잘 찾아냈고 멋진 어른이 많다는 사실에 안도했다.

　어른들에게 존중받고 싶은 것을 정하고 동영상을 만드는 활동은 아이들에게 후련함과 즐거움을 주었다. 판을 깔아 주었을 뿐인데 너무나 당당하게, 기발한 방법으로 자신들이 원하는 것을 이야기했다. 상영회를 하며 자신들의 모습이 나와도 부끄러워하기보다는 무척 뿌듯해 했다. 동영상을 부모님께 보여 주고 싶다고 하는 아이들도 많았다. 학교에서 협의를 통해 상영회를 열거나 부모님과 함께 볼 수 있는 시간을 가져 보는 것도 좋을 것 같다.

　함께 진행했던 '부모님과 함께 한 활동'은 본의 아니게 부모님들의 반성문을 받아 보는 시간이 되었다. 어른과 아이가 생각하는 존중의 모습, 멋진 어른의 모습은 크게 다르지 않았다. 부모님들은 부모로서가 아닌 어른으로서 자신의 모습을 되돌아보며 책임감을 다시 생각해 보신 것 같다. 어쨌든 아이들이 부모님과 대화하고 서로 이해할 수 있는 계기가 되었다.

　이 활동을 하며 아이들이 가장 많이 한 이야기는 자신도 커서 아이들을 존중하는 멋진 어른이 되고 싶다는 것과 생각보다 주변에 멋진 어른이 많다는 것이었다. 이런 다짐과 경험을 한 아이들이 자라서 어른이 된 세상, 생각만 해도 멋지지 않은가?

넷

모든 생명과
손잡고

공존

그림책 미리 보기 1

나, 꽃으로 태어났어
엠마 줄리아니 글·그림 | 이세진 옮김 | 비룡소

'2014 볼로냐 국제도서전'에서 라가치상을 받은 책이다. 꽃을 소재로 한 여느 책과는 달리 간결한 그림과 절제된 색으로만 꾸민 표지가 눈에 띈다. 게다가 책을 펼쳐 보면 그림자처럼 온통 흰색과 검은색만 눈에 띄어 당황스럽기까지 하다.

하지만 바탕 곳곳에 접혀 있는 팝업 장치를 열면 색색의 꽃들이 나타난다. 흰색과 검은색 바탕 덕분에 꽃의 아름다움이 더욱 도드라진다. 삭막한 세상에 아름다운 빛깔을 주는 존재가 바로 꽃이라고 말하는 것 같다. 그림 아래 딱 한 줄로 꽃으로 무엇을 할 수 있는지 씌어 있다. 꼭 한 편의 시를 읽는 것 같다.

꽃이 피어날 때마다 아이들은 탄성을 지르고, 다음에 또 읽어 보고 싶다거나 이 책을 갖고 싶다고 말할지도 모른다. 책을 다 읽은 후에 병풍처럼 세워서 펼쳐 놓고 감상을 하면 색다른 감동을 받게 된다. 글과 그림뿐만 아니라 책의 물리적인 형태로도 작가의 이야기를 고스란히 전달하고 있는 작품이다.

저학년

꽃 하나하나 피는 게 재밌었고, 진짜 꽃이 피는 것 같다. 꽃 머리띠가 마음에 든다. 꽃은 사람을 기분 좋게 하는 것 같다.

꽃은 사람들의 마음을 기쁘게 해 주고 행복하게 해 준다. 나도 꽃으로 행복해지고 싶다.

꽃으로 할 수 있는 것이 너무 많았다. 머리띠도 만들 수 있고, 팔찌나 왕관 등을 만들 수 있었다. 나도 이 중에서 한 개를 만들고 싶다.

고학년

꽃은 약하고 작은데 우리에게 힘을 주고 행복을 주는 대단한 생명이라고 생각한다. 슬플 때도 행복할 때도 사랑할 때도 항상 함께하는 것이 꽃인 것 같다. 그래서 꽃을 좀 더 소중히 대하고 더 예뻐해 주고 고마워해야 할 것 같다.

꽃은 사람들의 기분을 좋게 한다. 이 책을 보는 것만으로도 기분이 좋았다. 보통의 책들과 다르게 모든 걸 펴서 보는 것도 색다르고 색깔이 많이 사용되지 않았는데 어떤 책보다 예뻤다.

꽃은 참 신비하다. 사랑하는 이와 사랑을 나누게 하고 마음이 아픈 이에게 위로를 주기도 하니까. 볼 수 없는 사람들도 느낄 수 있는 아름다움. 바로 꽃의 향기다.

똥으로 종이를 만드는 코끼리 아저씨

투시타 라나싱헤 글·로샨 마르티스 그림 | 류장현 외 옮김 | 책공장더불어

'코끼리' 하면 무엇이 떠오를까? 어릴 때부터 부르던 익숙한 동요와 코끼리의 커다란 몸집? 그런 코끼리가 똥으로 종이를 만든다고? 흥미로운 제목부터 눈길을 끈다. 코끼리는 사람들이 나무를 너무 많이 베어 숲이 사라져 살아갈 터전을 잃고 있다고 말한다. 코끼리와 사람들이 함께 살아가는 방법은 없는 걸까?

책 속에서 코끼리 아저씨는 코끼리 똥이 종이가 되기까지의 과정을 알기 쉽게 설명해 준다. 이 그림책은 숲을 파괴하여 얻은 나무에 화학 약품을 섞어 만든 종이가 아니라 코끼리 똥을 모아 말리고 끓여서 얻은 종이로 만들어졌다. 이 사실을 알면 아이들은 아마 직접 냄새도 맡고 만져 보고 싶어 할 것이다. 책 한 권 한 권마다 종이의 질과 인쇄 상태가 달라서 더욱 특별하다. 자연과 인간, 코끼리와 인간이 아름답게 함께 사는 방법을 제시하는 책이다.

저학년

코끼리 똥으로 종이를 만드는 걸 처음 알았고, 신기했다. 그리고 숲이 파괴되는 게 마음이 아프고, 코끼리가 한 마리씩 죽어 가니 너무 슬펐다. 코끼리가 소중한 걸 알았다. ¶

정말 유용한 책 같다. 코끼리도 살 수 있고, 나무도 지킬 수 있고, 우리가 나무 없이도 종이를 만들 수 있기 때문이다. 지구가 파괴되지도 않고 우리가 신선한 공기도 마실 수 있으면서 종이를 쓸 수 있는 방법이 생겨난 것이 정말 좋다. 앞으로는 어른들이 코끼리 똥으로 종이를 만들고 나무를 파괴하지 않으면 좋겠다. ¶

고학년

초식동물의 똥이 세상을 만들어 낸다는 것을 알았다. 똥으로 종이를 만들 수 있다는 것을 발견한 사람은 세상을 살린 것과 같다. ¶

우리는 지금 매끈하고 흰 종이를 사용하고 있는데, 우리가 이런 종이를 사용하면서 나무가 사라지고 코끼리가 피해를 받는다. 종이를 아껴 사용하고 재생 종이를 찾아봐야겠다. 코끼리 똥으로 만든 공책이나 책이 많아지면 좋겠다. ¶

코끼리는 늘 배고팠을 것이다. 사람들이 나무를 베어 가고 있기 때문이다. 우리가 좀 더 서로를 생각한다면 모두 만족스럽게 살 수 있을 것이다. 보잘것없어 보였던 코끼리 똥이 우리 모두를 돕는다. ¶

신발 신은 강아지
고상미 글·그림 | 스콜라

강아지가 신발을 신었다는 것은 어떤 의미일까? 이 책은 작가의 실제 경험을 바탕으로 한 작품으로, 유기견에 대한 이야기를 담고 있다.

주인공 미니는 길에서 우연히 만난 강아지를 집으로 데려온다. 강아지와 함께 놀고 공원도 가려고 하지만 강아지는 영 관심이 없는 듯 보인다. 무리해서 나간 공원 산책에서 미니는 강아지를 잃어버리고 동물 보호소에서 다시 찾게 된다. 그 과정에서 강아지를 잃어버린 주인의 마음을 알게 되고, 중요한 결정을 하게 된다. 흑백의 세밀화 속에서 노란색은 미니와 강아지의 소통의 고리가 된다.

미니는 처음부터 알았을지도 모른다. 신발 신은 강아지에게는 주인이 있었을 거라는 걸. 아이의 시선으로 버려진 동물에 대해 다시 생각해 볼 수 있게 하는 책이다. 뒷면지에는 유기견 보호소에 대한 정보가 담겨 있다.

반려동물뿐만 아니라 생명과 함께한다는 것은 그 생명의 일생을 함께한다는 뜻이다. 그런데 예쁘고 귀여워서 키우다가 싫증이 나거나 병들면 동물을 버리는 사람이 많다. '애완동물'이 아닌 '반려동물'이 되어야 하는 까닭을 생각해 보게 한다.

저학년

미니가 처음에는 강아지가 좋아서 자기 마음만 생각했는데 나중에 강아지 마음도 생각해서 주인을 빨리 찾은 것 같다.¶

원래 강아지는 뭘 입거나 신는 거, 차는 거(목줄)를 싫어하는데 신발을 신었다는 게 정말 신기하다. 그리고 미니가 강아지 말을 알아들을 수 있다면 처음부터 주인을 찾아 줘야 되는 줄 알았을 텐데 그걸 몰라서 강아지한테 그런 것 같다. 강아지가 불쌍했다. 그래도 강아지가 주인을 찾아서 다행이다.¶

고학년

처음에는 미니가 마냥 귀엽고 예뻐서 강아지를 집에 데려가려고 한 것 같아 불안했지만 그 강아지를 진짜 주인에게 찾아 주는 모습을 보고 정말 그 강아지를 사랑하는 것 같아 안심이 됐다.¶

유기견들이 점점 많아지고 있는 것 같다. 자신이 싫증난다고, 귀찮다고 동물들을 버리지 않았으면 좋겠다. 반려동물은 우리가 끝까지 책임지고 사랑해야 할 존재이기 때문이다.¶

강아지뿐만 아니라 동물을 키우는 사람이라면 누구나 책임을 져야 한다고 생각한다. 동물도 보살핌이 필요하며 마음도 있다. 동물은 장난감과는 다르다. 사랑으로 보살펴 주고 끝까지 책임을 질 수 있는 사람만 동물을 키우면 좋겠다.¶

안녕, 폴
센우 글·그림 | 비룡소

빨간 털목도리를 두른 펭귄 이름은 폴이다. 캐릭터와 소품들을 하나하나 만들어 사진으로 촬영하여 만든 책이다. 작가의 제작 과정 동영상도 검색하여 확인해 보면 좋다.

온통 하얀 세상인 남극 기지엔 요리사 이언과 친구들이 산다. 이언은 쓰레기통을 뒤지던 펭귄을 만나 이름을 지어 주고 친구가 된다. 그러던 어느 날 폴은 이언이 주는 음식도 먹지 않고 쓰레기 봉지만 꼭 쥔 채 떠난다. 폴에게는 무슨 사연이 있는 걸까?

'지구 온난화' 하면 북극곰을 쉽게 떠올리지만 남극의 펭귄 이야기는 잘 모른다. 남극의 환경과 펭귄의 생태는 우리 삶과 멀리 떨어져 있기 때문에 관심을 가지고 있어도 도움을 주기는 어렵다고 생각할지도 모른다. 아이들과 함께 폴과 펭귄 알을 살리는 작은 실천을 해 본다면 모든 생명의 삶이 연결되어 있다는 사실을 알게 될 것이다.

저학년

나는 쓰레기를 아무 데나 버렸는데, 내가 이렇게 막 버리는 쓰레기 때문에 남극과 북극이 오염된다니까 너무 슬프고 죄책감이 들었다. 다음부턴 쓰레기를 아무 데나 막 버리지 않아야겠다는 생각이 들었다.

폴이 펭귄 알들을 혼자서 따뜻하게 해 준 게 정말 인상 깊었고, 그 폴을 도와주는 요리사와 친구들도 기특하다는 생각이 들었다. 또 집으로 데려와 침대 밑이나 신발 안에 넣어서 따뜻하게 해 준 사람들도 다 기특하고 인상 깊었다.

고학년

이렇게 동물들을 위해 조금씩 배려해 주니 인간과 펭귄이 다 같이 평화롭게 공존할 수 있었다. 우리도 함께 살아가는 동물들을 위해 우리가 할 수 있는 것들을 실천해야겠다. 일회용품을 줄이고 보일러 대신 두꺼운 옷을 입어야겠다. 우리 모두를 위해.

사람들이 버린 쓰레기로 집을 만든 폴을 보고 마음이 아팠다. 그동안 '지구 온난화가 뭐?'라고 생각했다. 딱히 지구 온난화를 막기 위해 노력하진 않았다. 이 책을 보고 나서 이 세상에는 사람만 사는 것은 아니라는 것을 다시 한 번 느꼈다. 펭귄과 함께 살기 위해 내가 할 수 있는 작은 일부터 노력해야겠다.

지구를 위한 한 시간
박주연 글·조미자 그림 | 한솔수북

지구를 위한 한 시간, 무엇을 하는 것일까? 질문에 대한 답은 표지에서 찾을수 있다. 이 책은 2007년 호주 시드니에서 시작된 'Earth Hour' 캠페인에 대한 이야기이다. 지구가 더워지기 시작하면서 생긴 심각한 문제를 알리기 위해 3월 마지막 주 토요일 저녁 8시 30분부터 한 시간 동안 전 세계가 함께불을 끄는 행사이다.

불을 끄고 한 시간 동안 무엇을 하면 좋을까? 촛불 켜고 책 읽기, 유령놀이 하기, 가만히 누워 있기 등 아이들이 할 수 있는 일들도 소개하고 있다.아이들에게 이 행사의 의미를 쉽게 설명하고 실천해 보고 싶은 마음이 들게하는 고마운 책이다.

'한 시간 불을 끈다고 얼마나 문제가 해결되겠어?'라고 생각할 수도 있지만, 위대한 실천은 늘 작은 것에서 시작한다는 말을 기억하자!

지구를 위해 여러 나라가 이렇게 노력하는지 몰랐다. 남산 타워, 프랑스 파리, 홍콩 등 이렇게 노력하는지 모르고……. 그래서 오늘 경비 아저씨에게 한 달에 한 번씩 불을 끄자고 말씀드려야겠다. ¶

전 세계가 절약한다면 환경이 많이 오염되지 않을 것이고, 나도 더욱더 깨끗한 환경에서 살면 좋겠다. 사람들이 많이 불편해 해도 좀 참아 주었으면 좋겠다. ¶

지구를 위해 전기를 아껴야겠다. 외출할 때는 깜박하시 않고 불을 꺼야겠다. 모두 지구를 위해 쓰레기 줍기나 쓰레기 땅바닥에 버리지 않기 같은 작은 행동부터 실천합시다. ¶

8시 30분에 원래 불을 끄는 걸 몰랐는데, 이제 알게 되었으니까 꼭 내일 8시 30분에 불을 꺼야겠다. 그리고 불을 끈 사진을 보니 별을 보면 좋을 것 같다. 내일 불을 끄게 되면 애들이랑 한 시간 동안 같이 놀이터에서 놀고 싶다. ¶

처음에는 책으로만 '이렇게 하자'라는 뜻으로 만든 줄 알았다. 그런데 진짜 이런 운동을 했었고 많은 나라 사람들이 했었다는 건 상상도 못했다. 단지 전등 두세 개를 끄는 것뿐이라고 생각했는데 옆집, 윗집, 우리 동이 다 불을 끄면 100개의 전등을 다 끈 것과 비슷하다니 놀랍다. ¶

그림책 활동지-저학년 <u>함께 살아가요</u>

1-1 꽃으로 무엇을 할 수 있을까요?

  ①

  ②

  ③

1-2 그림책 《나, 꽃으로 태어났어요》를 감상해 보세요.

2-1 '코끼리' 하면 떠오르는 것을 써 보세요.

2-2 그림책 《똥으로 종이를 만드는 코끼리 아저씨》를 감상해 보세요.

3-1 애완동물들은 어떤 어려움이 있을까요?

  ①

  ②

  ③

3-2 그림책 《신발 신은 강아지》를 감상해 보세요.

3-3 KBS 〈다큐 3일〉 가운데 '미안해 사랑해' 편을 감상해 보세요.

4-1 그림책 《안녕, 폴》을 감상해 보세요.

4-2 내가 그동안 했던 행동 가운데 펭귄 알을 지킨 것은 무엇인가요?

4-3 내가 그동안 했던 행동 가운데 펭귄 알을 못 지킨 것은 무엇인가요?

5-1 그림책 《지구를 위한 한 시간》을 감상해 보세요.

5-2 집에서 지구를 위한 한 시간을 실천해 보세요.

　　① 언제:

　　② 누구와:

　　③ 한 일:

　　④ 하고 나서 든 생각:

6 활동을 통해 배우고 느끼고 깨달은 점을 써 보세요.

아이들 활동 엿보기

■ 꽃으로 무엇을 할 수 있을까요?

꽃 방향제 / 꽃 책갈피 / 꽃목걸이 / 꽃전 / 꽃 머리띠 / 꽃다발 / 꽃 향수 / 꽃 모자 / 꽃팔찌 / 꿀을 먹을 수 있다 / 꽃향기를 맡으면 기분이 좋다

■ '코끼리' 하면 떠오르는 것을 써 보세요.

코 / 맘모스 / 과자 / 손 / 큰 귀 / 상아 / 코끼리 꼬리 / 큰 덩치 / 두꺼운 다리

■ 애완동물들은 어떤 어려움이 있을까요?

- 동물 학대가 일어난다.
- 스트레스를 받아 사망할 수도 있다.
- 주인 말대로 해야 한다.
- 새끼 땐 좋아하다가 크니까 못생겼다고 버린다.
- 돈으로 사고판다.
- 여행 가면서 혼자 놔두고 간다.
- 싫다고 짖어도 사람들이 알아듣지 못한다.
- 속마음을 몰라준다.

■ KBS 〈다큐 3일〉 '미안해 사랑해' 편을 감상해 보세요.

- 강아지를 물건으로 대한 사람이 못됐다.
- 애완동물을 키우면 끝까지 키워야 한다는 것을 배웠다.
- 강아지들은 아프지도 속상하지도 않을 것 같았는데 강아지들도 그렇다는

걸 알았다.

- 나는 강아지가 무서워서 상관없다고 생각했는데 〈다큐 3일〉을 보고 애완동물이 소중하다고 깨달았다. 강아지도 마음에 상처 입으면 사람과 똑같이 마음이 아픈 것도 깨달았다.

■ 내가 그동안 했던 행동 가운데 펭귄 알을 지킨 것은 무엇인가요?

쓰레기 안 버리기 / 가까운 곳 걸어 다니기 / 페트병으로 화분 만들기 / 요플레 뚜껑으로 숟가락 만들어 먹은 것 / 음식 버리지 않은 것 / 세수할 때 물 받아 쓴 것 / 남은 색종이 쓴 것 / 냉장고 많이 열지 않은 것

■ 내가 그동안 했던 행동 가운데 펭귄 알을 못 지킨 것은 무엇인가요?

종이 뒷면을 안 씀 / 나무젓가락 사용 / 쓰레기를 바닥에 버림 / 다 쓴 휴대폰 충전기 안 뽑은 것 / 선풍기 틀어 놓고 다른 데로 간 것 / 내 방 불을 잘 끄지 못하는 것 / 핸드폰을 많이 하는 것 / 편식 / 종이컵 사용한 것 / 클레이를 열어 놓은 것

■ 집에서 지구를 위한 한 시간을 실천해 보세요.

- 앞으로는 냉장고 문을 자주 열지 않을 거다. 나도 지구를 위해 한 시간 동안 불을 끈 적이 있다. 지구를 위해 불을 끄고 있는데 뿌듯했다. 그리고 기분이 묘했다. 재활용품으로 만들기 할 때 기분이 좋았다. 과자 통으로 예쁜 화장 솜 케이스를 만들었는데, 사는 것보다 예쁘고 사이즈가 딱 맞았다. 더욱더 뿌듯했다. 그리고 항상 따뜻한 물 나오기 전에 나오는 차가운 물을 버리기 아까웠는데 모아서 발 씻고 손 씻으니 시원해서 좋고 아깝지 않고 재활용 잘했다고 생각했다. 뿌듯 뿌듯.

- 시장에나 마트 갈 때는 엄마 아빠께 "장바구니 챙겼어요?"라고 말해서 나도 나무를 지킨다. 그리고 덥거나 목마를 때마다 냉장고 문을 자주 열어서 물을 마시는데, 이제는 냉장고 문을 여는 걸 줄여야겠다. 그 전기를 쓰는 바람에 눈이 될 것이 비가 되어서 내린다. 내가 '샴푸 사용량 반으로 줄이기'를 말했는데, 그게 우리 반의 지구 미션이 될 줄은 상상도 못했다. 그래도 내가 비누로 머리를 감고 식초 물로 머리를 헹구니 상쾌하고 머릿결도 부드러워서 좋았다.
- 난 냉장고 문을 벌컥벌컥 안 여는 것은 자신이 있다. 그리고 옷을 동생에게 물려주는 것을 하고 싶다. 샴푸 줄이기 할 때 엄마가 "머리에 많이 짜서 감아."라고 했는데, 내가 "엄마, 나 지구를 지킬 거야."라고 말을 했다. 그리고 우리가 사는 지구를 지키려면 어려운 일도 해야 한다고 생각했다.

안 쓰는 불 끄기

물 받아 세수하기

■ 활동을 통해 배우고 느끼고 깨달은 점을 써 보세요.

- 이 활동을 통해서 생명이 얼마나 소중한지 알게 되었다. 《지구를 위한 한 시간》을 읽을 때 지구를 위해 열심히 해야 된다고 생각하고 전기를 아껴야

겠다고 생각했다.

• 이 세상의 생명들은 다 사랑하고 잘 보살펴 주어야 한다. 이 세상에는 우리
와 함께 살아가는 생명이 많다는 걸 알았다.

• 생명은 나 말고도 다른 것도 감싸 주어야겠다고 생각했다. 아무리 작은 거
라도 소중히 여겨야겠다.

• '지구를 위한 한 시간'을 해 보니깐 전기를 아껴야 된다는 생각이 들었다.
사람들한테 전기를 아껴 쓰라고 할 거다.

그림책 미리 보기 2

이빨 사냥꾼
조원희 글·그림 | 이야기꽃

표지부터 예사롭지 않다. 핏빛을 떠오르게 하는 어두운 빨강 바탕에 푸른색 복장의 사냥꾼은 장총을 메고 있다. 색깔의 대비가 주는 강렬함은 그림책 내용으로 이어진다. 열두 면이 지나도록 글자 없이 그림만으로 이어지지만 그림책에서 눈을 떼지 못할 만큼 긴장감이 가득하다.

코끼리들은 이빨을 얻기 위해 옷을 걸치지 않은 무방비 상태의 아이를 사냥한다. 이빨 사냥꾼들이 사냥개와 화살, 톱을 사용하며 아이를 사냥하는 무서운 장면들은 글 없이 묘사된다. 이빨 사냥꾼들의 잔인함은 그림만으로도 충분하다. 그 대상이 아이라는 것은 자연의 모습이 약하고 순수하다는 의미일 것이다. 상아를 얻으려는 인간의 욕심 때문에 죽어 간 코끼리들은 아이가 꿈에서 봤던 장면을 꿈꿨을지도 모른다. 이빨 사냥꾼들에게 죽어 가는 인간의 모습을 통해 그동안 인간이 얼마나 잔인하게 코끼리들을 죽였는지 알려준다. 꿈에서 깬 아이가 "이상한 꿈을 꾸었어요."라고 말한 것처럼 이 책을 덮은 아이들은 어떤 말을 할까?

아프리카 초원의 모습을 담은 앞면지와 달리 뒷면지에는 코끼리 한 마리가 어디론가 가고 있다. 뒷면 표지에는 그 코끼리 옆에 아기 코끼리가 함께 걷고 있다. 작가는 자연에 대한 인간의 욕심과 잘못을 말없이 꾸짖는 듯하다.

예전에 태국에 여행 갔을 때 '코끼리 쇼'를 본 적이 있다. 사람들이 코끼리를 보며 웃는데 그 코끼리가 너무 불쌍해 보였다. 코끼리의 이빨까지 그냥 뜯어 가다니……. 이렇게 코끼리들을 아프게 하는 건 인간의 욕심이 아닌가 싶다. 코끼리들을 막 대하고 아픔을 주는 사람들을 생각하면 한숨이 난다. 이 책처럼 입장을 바꿔서 생각해 보면 좋겠다.¶

코끼리가 느끼는 것을 아이가 느꼈는데, 읽으면서 마음이 무거웠다. 사람들은 참 이기적인 것 같다. 모두 자신은 아니라고 얘기할 수도 있지만, 지금 내가 입고 있는 패딩에도 동물들의 털이 들어가 있다. 우리가 동물들 함부로 대하는 것이 미안하고 가슴 아프다.¶

책 속에서 코끼리들이 아이의 이빨을 빼서 파는 모습에서 '지금 인간들이 코끼리 말고도 다른 동물들에게 이런 짓을 하고 있구나' 하고 느꼈다. 인간은 동물에게 막 대해도 되고 동물은 왜 인간에게 그러지 못하는지 이해가 안 간다. 인간이 동물들에게 당하기 전에 이런 짓을 그만뒀으면 좋겠다.¶

내가 지구를 사랑하는 방법

토드 파 글·그림 | 장미정 옮김 | 고래이야기

《평화는요.》를 쓴 토드 파의 작품이다. 토드 파의 다른 작품처럼 짙은 까만색 테두리와 원색으로 채워진 단순한 그림이 편안함을 준다. 하지만 그 속에 담긴 짧은 글들은 강하게 다가온다.

이 그림책의 원래 제목은 《내 친구 지구를 지켜 줘!》인데, 2018년 1월에 《내가 지구를 사랑하는 방법》으로 제목을 바꾸었다. 지구를 사랑해야 한다는 말이 무슨 뜻인지, 그러기 위해서는 어떻게 해야 하는지는 많이들 알고 있을 것이다. 제목을 보고 그런 이야기부터 해 보면 좋겠다.

그림책은 "나는 이를 닦을 때 수돗물을 꼭 잠가." "목욕할 때도 물을 아껴 쓰지. 왜냐고?"처럼 아이가 지구를 위해 실천한 일이 두 면에 걸쳐 표현되어 있다. 그리고 뒷면에 '왜냐고?'의 답이 나온다. 실천한 문장을 읽고 나서는 "이렇게 하는 사람?" 하고 아이들에게 물어보며 읽는 것도 재미있다. 제목을 보고 했던 이야기에서 나온 것과 나오지 않은 것에 대해 이야기하는 것도 좋겠다. 이 책은 자기가 실천하고 있는 것을 뽐내는 맛도 있고 까닭을 맞추는 재미도 있다.

우리의 작고 사소한 일들이 지구에게 도움이 되고 있다는 걸 조금이나마 알게 되었다. 나는 "지구를 보살피면 지구가 우리를 보살펴요."라는 문장이 제일 인상 깊었다. 지구가 우리에게 주는 것은 많은데 우리는 지구에게 피해만 준 것 같다는 생각이 든다.¶

나 한 명이 전등을 잘 끄고, 쓰지 않는 코드를 뽑아 놓는 것이 지구의 환경에 도움이 되었다는 것에 뿌듯하다. 평소에는 '나 한 명이 쓰레기 버리는 것이 얼마나 피해가 되겠어?'라고 생각하며 길에 쓰레기를 버렸지만, 이젠 '나 한 명 전등불 잘 끄면 도움이 되겠지?'라고 생각해서 살 실천해야겠다.¶

아주 사소한 것이지만 지키지 못해 지구를 힘들게 하는 것들이 많다. 물, 종이, 전기를 아껴 쓰는 건 누구나 할 수 있는 일이다. 특히 이 책에는 우리가 일상생활 속에서 쉽게 실천할 수 있는 방법이 많았다. 사소한 것이라도 모두 함께 노력하면 지구를 지킬 수 있을 것 같다. 나부터 오늘 당장 시작해야겠다.¶

언니들이 전기를 막 쓰길래 내가 그만하라고, 언니들 때문에 지구 온난화가 생기는 거라고 했다. 언니들은 피식 웃으면서 이미 지구 온난화가 됐다고, 되돌릴 수 없다고 했다. 하지만 그건 아닌 것 같다. 좀 불편해지면 지구를 지킬 수 있다.¶

잘가, 안녕
김동수 글·그림 | 보림

어두운 배경에 하얀 꽃을 물고 있는 흰 오리, 헤어짐을 뜻하는 짧은 네 글자로 된 제목과 표지 그림이 묘한 슬픔을 준다.

"퍽. 강아지가 트럭에 치여 죽었습니다."

첫 장을 넘기자마자 매우 강렬한 인상을 주는 한 문장. 읽는 이의 마음을 불편하게 만들며 시작하는 이 책은 《감기 걸린 날》, 《학교 가는 날》을 지은 김동수 작가의 작품이다.

어스름한 가로등 불빛 아래 리어카를 끄는 할머니는 길 위에서 처참하게 목숨을 잃은 동물들을 집으로 데려와 따뜻한 손길로 마지막 단장을 해 준다. 새벽 동이 틀 무렵, 나루터에서 동물들을 떠나보내며 전한 할머니의 나지막한 "잘 가, 안녕." 이 한마디는 마치 살아 있는 동물을 대하는 것 같다. 죽은 동물들을 하나의 인격체로 대하는 할머니의 모습은 읽는 이의 마음을 울컥하게 만든다.

그 동물들은 '로드킬'을 당한 동물들인데……. 그런데 저긴 원래 동물들의 땅인데 우리가 너무 함부로 대하고 그 땅의 주인을 죽이는 것을 아무렇지 않다는 듯이 행동하는 것 같다.¶

다들 제 모습을 찾긴 했지만 살아나지 못했다. 로드킬은 찻길에서 동물들이 차에 치여 죽는 건데, 생각해 보면 그 길은 동물의 길이기도 하다. 길에다 '동물들이 지나가요'라는 글씨도 쓰고 네비게이션에서도 동물들이 많이 다니는 길이라는 안내를 해 주면 좋겠다. 불쌍하게 죽은 동물들이 좋은 곳으로 가면 좋겠다.¶

아마 할머니는 동물들을 편안하게 갈 수 있게 해 준 것 같다. 지금까지는 불쌍하단 생각만 했다. 그리고 생태터널 만들어 봤자 동물들은 다 내려가서 차에 깔려 죽는데, 차라리 도로가 없으면 좋겠다. 차도 없으면 좋겠다. 그림책의 할머니들이 많으면 좋겠다.¶

나도 가끔 본다. 도로에서 치여 죽은 강아지와 고양이들을. 난 동물들을 무서워하지만 동물들의 잘못이 아니다. 우리가 일본 사람 같고 동물들이 우리나라 사람들 같다. 남의 땅 뺏고 죽이고…… 잔인하다, 참.¶

할머니의 정성으로 동물들이 좋은 세상에 갔을 거 같다. 우리 인간들이 편하기 위해 동물들을 불편하게 하는 거 같아서 동물들에게 미안하다. 생각을 해 보면 같은 생물인데 인간의 기술 때문에 동물들이 불쌍해진 것 같다.¶

지혜로운 멧돼지가 되기 위한 지침서
권정민 글·그림 | 보림

제목만으로도 독자의 호기심을 자극하는 책이다. 지혜로운 멧돼지란 어떤 돼지일지, 지혜로운 멧돼지가 되기 위해서는 어떻게 하면 좋을지, 멧돼지가 왜 지혜로워져야 하는지 물어보는 것도 좋겠다.

앞면지에는 산을 깎는 불도저에 밀려 벼랑 끝에 몰린 멧돼지 가족의 모습이 등장한다. 어미 품에서 젖을 먹고 있는 새끼 돼지 세 마리와, 불도저를 난감한 시선으로 보고 있는 어미 멧돼지의 모습이 우습기도 하고 씁쓸하기도 하다. 속표지에는 어미 멧돼지가 책상에 앉아 자신처럼 집을 잃은 멧돼지들을 위한 지침서를 쓰는 모습이, 뒷면지에는 이 지침서를 전달받은 다른 멧돼지의 모습이 등장한다.

그림책의 왼쪽에는 집을 잃은 멧돼지가 새 집을 찾는 동안 가져야 할 몸가짐과 마음가짐에 대한 지침을 담은 글, 오른쪽에는 도시에서 겪는 멧돼지의 현실을 보여 주는 그림으로 구성되어 있다. 특히 멧돼지에게 집을 내어 주고 쫓겨 도망치는 사람들과 집을 차지한 멧돼지의 모습은 인간과 멧돼지의 입장을 바꾸어 생각해 보게 한다.

책을 읽고 나서 인간이 하는 일 중에 다른 생명의 삶을 망가뜨리게 하는 것은 무엇이 있는지, 인간과 다른 생명들이 평화롭게 공존할 수 있는 방법은 무엇인지 이야기 나누어 보는 것도 좋겠다.

우리는 자꾸 남의 땅을 **뺏고** 있다. 왜? 이 정도면 충분히 **뺏었는데** 더 **뺏으려** 하는지. 우리 인간은 참 무섭다.

멧돼지가 사람들이 사는 아파트에 들이닥쳐서 엉망진창으로 만든 것처럼 사람들도 동물들이 사는 야생을 파괴하고 있는 것 같다. 오죽하면 원래 살던 곳에서 도시로 내려왔을까. 멧돼지가 도시로 내려오지 않도록 하려면 사람들이 멧돼지가 사는 곳을 먼저 지켜 줘야 한다.

멧돼지가 도시로 내려오는 것은 다 사람들이 터널을 만들고 아파트를 만드느라 산을 깎고 개발하기 때문이다. 책에서 사람들이 멧돼지의 집을 부수는 게 되게 태연하게 나와서 더 미안했다. 심지어 멧돼지는 생긴 것 때문에 더 억울한 일을 많이 당하는 것 같다. 결국 우리가 먼저 멧돼지를 해치고 있는 것이다.

인간은 욕심 때문에 다른 생명들이 죽어 가는 것도 모르고 내가 잘났다고 하는데, 어떻게 보면 누군가의 희생 덕분일 수도 있다. 멧돼지처럼 우리도 똑같이 느껴 보는 캠페인이 생겼으면 좋겠다.

결국 인간 때문에 인간이 피해를 본다. 멧돼지가 내려올 정도면 산림에 먹이가 너무 부족한 것이다. 멧돼지가 잘 살게 보호해야 한다.

그림책 활동지-고학년 <u>함께 살아가요</u>

1-1 꽃으로 무엇을 할 수 있을까요?

　①

　②

　③

1-2 그림책 《나, 꽃으로 태어났어요》를 감상해 보세요.

2-1 '코끼리' 하면 떠오르는 것을 써 보세요.

2-2 그림책 《똥으로 종이를 만드는 코끼리 아저씨》를 감상해 보세요.

2-3 그림책 《이빨 사냥꾼》을 감상해 보세요.

3-1 애완동물에 대한 생각을 써 보세요.

　①

　②

　③

3-2 그림책 《신발 신은 강아지》를 감상해 보세요.

3-3 KBS 〈다큐 3일〉 가운데 '미안해 사랑해' 편을 감상해 보세요.

4 여러 생명들이 함께 살아가기 위해선 무엇이 필요할까요?

　　①

　　②

　　③

5-1 그림책 《안녕, 폴》을 감상해 보세요.

5-2 내가 그동안 했던 행동 가운데 펭귄 알을 지킨 것은 무엇인가요?

5-3 내가 그동안 했던 행동 가운데 펭귄 알을 못 지킨 것은 무엇인가요?

5-4 위에 쓴 것 가운데 두 가지를 골라 일주일 동안 실천해 보세요.

매우 잘함 ◎　잘함 ○　보통 ●　못함 △　매우 못함 ×

실천할 것	실천 결과						
	월	화	수	목	금	토	일

5-5 실천하면서 있었던 일을 써 보세요.

6-1 그림책《내가 지구를 사랑하는 방법》을 감상해 보세요.

6-2 그림책《내가 지구를 사랑하는 방법》처럼 실천한 까닭을 써 보세요.

실천한 것	까닭

6-3 앞으로 실천하고 싶은 것을 하나 골라서 그 까닭을 두 가지 써 보세요.

실천하고 싶은 것	까닭
	①
	②

6-4 위의 내용을 담아《내가 지구를 사랑하는 방법》처럼 책을 만들어 보세요.

6-5 친구들이 만든 책 가운데 인상 깊은 것 세 가지를 골라 보세요.

이름	책 제목	인상 깊은 점

7-1 그림책 《잘 가, 안녕》을 감상해 보세요.

7-2 그림책 《지혜로운 멧돼지가 되기 위한 지침서》를 감상해 보세요.

7-3 애니메이션 〈근육 아저씨와 뚱보 아줌마〉를 감상해 보세요.

8 활동을 통해 배우고 느끼고 깨달은 점을 써 보세요.

아이들 활동 엿보기

■ 꽃으로 무엇을 할 수 있을까요?

부케 / 음식(꽃차, 꽃 비빔밥, 화전) / 봉숭아 물들이기 / 꽃 염색 / 반지 만들기 / 선물 / 핸드폰 케이스(꽃누르미) / 고백을 할 수 있다 / 죽은 사람을 위로할 수 있다(추모) / 꽃꽂이 / 대회 1등 기념 / 꽃 점(행운 테스트) / 소꿉놀이 / 책갈피 / 지시약 만드는 것 / 머리에 꽂을 수 있다 / 결혼식을 좀 더 예쁘게 할 수 있다

■ '코끼리' 하면 떠오르는 것을 써 보세요.

코 / 귀 / 회색 / 불쌍하다 / 물대포 / 똥 / 냄새 / 코끼리 노래 / 육중하다 / 맘모스 / 아저씨 / 진흙 / 서커스 / 태국(동남아시아) / 바나나 / 상아 / 동물원 / 미끄럼틀 / 보아 뱀 / 코끼리와 5명의 장님 / 멸종 위기 / 밀렵꾼

■ 애완동물에 대한 생각을 써 보세요.

보기만 해도 행복하고 좋은 존재 / 말은 못하지만 눈과 온기로 서로의 마음을 알 수 있는 존재 / 내가 끝까지 책임지고 사랑해야 할 존재 / 말을 못한다고 학대하지 않는다 / 하나의 생명이므로 소중히 여겨야 한다 / 애완동물이라는 말이 싫다(반려동물) / 유기견이 늘어나고 있다

■ KBS 〈다큐 3일〉 가운데 '미안해 사랑해' 편을 감상해 보세요.

• 동물도 감정이 있다는 걸 알았다. 동물은 장난감이 아니다. 한번 키우면 끝까지 키워야 한다. 장난감처럼 싫증 나면 버리는 존재가 되지 않았으면 좋겠다.

• 사람들은 강아지를 물건으로 생각한다. 강아지가 사람들이 준 상처 말고 예

뻐해 주고 사랑해 주었다는 것을 기억한다니 미안했다. 자신이 없으면 아예 손을 대지 말아야 한다. 진정 그들을 가족으로 여기는 사람이 손을 내밀어 함께해야 한다.

- 사람들이 동물을 버리는데도 사람을 반기고 그리워하는 동물들을 볼 때면 마음이 편치 않다. 내가 동물을 버린 건 아니지만 같은 사람으로서 숙연해 지고 미안했다. 생명이 얼마나 귀한지 모두가 알았으면 하는 마음이다.

■ 여러 생명들이 함께 살아가기 위해서는 무엇이 필요할까요?

- 자연 그대로 놓아둔다.
- 여러 생명을 아끼는 마음으로 행동한다.
- 서로를 함부로 대하지 않는다.
- 고기를 조금 먹는다.
- 같이 살 때의 불편함을 참는다.
- 동물이 살 권리를 존중해 준다.
- 책임이 있어야 한다.
- 사랑과 관심이 필요하다.
- 함께 살아간다는 것을 잊지 않는다.
- 인간이 가장 강하기 때문에 인간이 먼저 동물과 곤충을 배려해 줘야 한다고 생각한다.

■ 내가 그동안 했던 행동 가운데 펭귄 알을 지킨 것은 무엇인가요?

분리수거 / 자전거 타기 / 샴푸 적게 쓰기 / 에어컨을 잘 틀지 않기 / 쓰고 난 뒤 전원 코드 뽑기 / 종이컵 대신 머그컵 사용 / 최대한 불을 끄는 것 / 양치 컵 쓰기 / 여름에 부채랑 미니 수동식 선풍기 쓰기 / 겨울에 내복 입기 / 휴지를

꼭 필요한 만큼만 뜨기 / 음식을 남기지 않기

■ **여러분이 그동안 했던 행동 가운데 펭귄 알을 못 지킨 것은 무엇인가요?**

티비 틀어 놓고 핸드폰 하기 / 방에 있지 않을 때 불 켜 놓기 / 샤워할 때 물
틀어 놓고 비누칠하기 / 에어컨 켜고 긴 옷 입거나 이불 덮고 있는 것 / 샴푸
많이 쓴 것 / 휴지를 많이 쓴 것 / 어둡지도 않았는데 불을 켜 놓은 것 / 조금
아프다고 학교 엘리베이터를 탄 것 / 하루 종일 온수매트를 켜 놓은 것 / 이 닦
을 때 물 틀고 닦기 / 걸레 대신 물티슈를 쓴다 / 밥을 남긴 것 / 연필을 다 안
쓰고도 새 연필을 쓴 것 / 냉장고 문을 너무 많이 열었다 닫았다 한 것

■ **실천하면서 있었던 일을 써 보세요.**

• 폴을 살리기 위해서 쓰레기는 쓰레기통에 버리는 게 생각보다 힘들었다. 길
  을 가다가 쓰레기를 버리지 못해도, 작은 불편을 감수하면 폴을 살리고 거
  리가 깨끗해질 수 있단 생각에 뿌듯했다.

• 예전에는 불을 안 꺼도 귀찮으면 그냥 갔는데 요즘은 다시 한 번 확인하고
  끄는 걸 실천하고 있다. 그 덕에 요즘은 엄마한테 혼나는 일이 별로 없다.

• 집에서 밥을 다 먹으니까 음식물 쓰레기가 덜 생겼다. 엄마가 만들어 주신
  음식을 다 먹으니까 엄마도 뿌듯해 하고 기뻐해 주셨다.

• 실천하면서 물을 잠그고 양치하는 게 버릇이 돼 버렸다. 처음에는 안 하던
  짓이라 고치기가 어려웠는데 노력했더니 잘 되었다.

• 집에 와서 습관적으로 냉장고 문을 열 뻔했다. 그리고 냉장고 문을 열 때마
  다 몇 번째인지 습관적으로 세고 냉장고 문을 열고 '아, 삐 소리 나기 전에
  빨리 닫아야 하는데.'라고 생각하게 되었고, 핸드폰 충전기를 빼면서 위에
  꽂혀 있는 드라이기 코드도 빼서 뿌듯했다.

- 학교에서 손 씻고 휴지를 쓰지 않고 바지에다가 물기를 닦았다. 휴지 안 써도 괜찮은 것 같다.

■ **그림책 《내가 지구를 사랑하는 방법》처럼 실천한 까닭을 써 보세요.**

- 난 손을 씻은 뒤에 휴지를 쓰지 않고 알아서 털어서 말려. 왜냐하면 난 껄끄러운 휴지보다는 보들보들한 수건이 좋고, 친구나 가족에게 물을 뿌리며 노는 게 재미있기 때문이야.
- 나는 안 들어가는 방은 불을 꺼. 불을 켜 두면 전기 요금도 나가고 반짝이는 별들도 볼 수 없잖아.
- 난 자동차를 별로 타지 않고 웬만하면 다 걸어 다녀. 밖에서 깨끗한 공기를 들이마시면서 놀고 싶으니까.
- 나는 물장난을 하지 않아. 깨끗한 물을 쓰고 깨끗한 물을 마시고 싶거든. 물고기들이 깨끗하고 투명한 물에서 헤엄치는 것을 계속 보고 싶거든.
- 나는 종이를 양면으로 쓸 거야. 오랫동안 나무가 살아 있는 모습을 보고 싶기 때문이야.

■ **앞으로 실천하고 싶은 것을 하나 골라서 그 까닭을 두 가지 써 보세요.**

- 종이의 앞면과 뒷면을 모두 사용하는 것 ― 나무를 지키고 싶고, 동물들의 집을 없애고 싶지 않기 때문에.
- 팜유가 들어가지 않은 과자를 먹는 것 ― 팜유가 들어간 과자를 많이 먹을수록 많은 숲이 파괴되고, 건강에도 좋지 않으니까.
- 쓰레기를 길거리에 버리지 않는 것 ― 냄새나는 거리보다는 깨끗한 거리를 걷고 싶어서, 청소하시는 분들이 힘들게 일하지 않았으면 좋겠어서.

■ 《내가 지구를 사랑하는 방법》처럼 책을 만들어 보세요.

앞표지

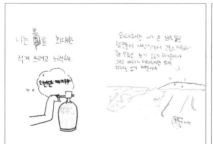 

책 내용

  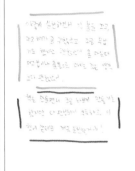

뒤표지

■ **애니메이션 〈근육 아저씨와 뚱보 아줌마〉를 감상해 보세요.**

• 아무리 무섭게 생겨도 작은 개미까지 신경 써 주는 모습이 멋지다. 새, 개미 모두 잘 살 수 있도록 자연을 파괴하지 않았으면 좋겠다.

• 다친 동물이 아파했을 때 근육 아저씨가 도움을 주는 게 가장 인상 깊다. 개미들을 위해 살살 걷고 뚱보 아줌마가 지나갈 때까지 기다리고 서로서로를 배려하고 도움을 주며 살아가는 모습이 너무 아름답다.

• 자연을 지키려고 하는 게 멋지다. 개미들이 지나가도록 하는 사소한 행동으로 자연이 좋아하고 생물체들이 행복해 하니까 나도 사소한 것이라도 해야겠다.

• 서로의 작은 배려 하나로 숲 속에 사는 모든 동물과 환경이 아름다워지는 것 같다. 나도 두 사람처럼 모든 생명체를 위해 배려해야겠다.

■ **활동을 통해 배우고 느끼고 깨달은 점을 써 보세요.**

• 우리는 우리 인간들의 힘만으로 살아가는 게 아니라 많은 동물과 식물들 덕분에 편하게 살아가고 있다는 것을 알 수 있었다. 그런데 우리는 인간만을

위한 세상을 살아가고 있는 것 같다. 모두가 함께 행복해질 수 있도록 지구를 위한 노력을 앞으로도 계속할 것이다. 함께 살아가고 있는 모두가 행복해질 수 있으면 좋겠다.

• 사람뿐만이 아니라 작고 여린 생명들 모두가 소중하고 존중받아야 하는 존재라는 걸 다시 한 번 깨달았다. 사람 때문에 동물들이 고통 받고 지구가 병들고 있다는 것도 알았다. 함께 살아가고 있는 모든 생명들에게 미안한 마음이 들었다. 작은 것이지만 지구를 지키기 위한 실천을 앞으로도 꾸준히 해야겠다. 이렇게 노력하는 사람이 많아지면 모두가 행복해지는 날이 올 것 같다. 이 활동을 안 했으면 계속 나만 생각했을 것 같은데 다행이다. 나도 지구에서 함께 살아가는 존재 중 하나라는 것을 잊지 말아야겠다.

• 인간들이 함께 살아가고 있는 동식물들을 자꾸 망치고 있는데 동식물들이 사라지면 결국 인간도 살 수 없다. 이 지구는 인간의 것이 아니고 함께 쓰는 것이니까 모두 함께 잘 살 수 있기 위해 노력해야 한다. 동물들의 입장에서 생각하고 욕심 부리지 않고 필요한 만큼 최소한의 양을 쓰는 것이 모두를 위해 필요하다. 우리가 우리 힘으로만 살아가는 것이 아니라 수많은 동식물의 희생으로 살아가고 있는 것이라는 생각이 든다. 인간이 지구를 망쳐서는 안 된다.

• 이 세상에는 나만 사는 게 아니라 다른 생물들과 함께 살아간다는 것을 다시 한 번 생각하게 되었다. 지구 온난화를 막으려면 불편해져야 한다. 불편을 감소하는 이유는 이 세상은 모두의 것이니 인간만 좋아서는 안 되기 때문이다. 이 세상에 지구 온난화로 직접적으로 피해를 받는 사람들이 있다는 것을 다시 한 번 생각하게 되었다. 잘못을 하지 않는 사람이 피해를 받으니…… 나부터 노력해야겠다.

함께 볼만한 그림책

이 세상의 황금 고리
박영신 글·그림 | 보리

세상의 탄생을 소재로 한 그림과 글에 신화적 요소가 담겨 있어서 읽어 줄 때 아이들의 관심을 끌기에 충분하다.

세상 모든 것의 어머니 모마님은 세상을 살피러 나갔다가 자기가 만든 온갖 것들로부터 투덜거리며 쏟아내는 불만을 듣게 된다. 자신을 위협하는 다른 존재(생명) 때문에 살기 힘들다고 꼬리에 꼬리를 물고 말하는 동물들을 보면서 모마님은 고민에 빠진다.

앞뒤 면지에는 황금을 상징하는 노란색과 판화 기법을 사용한 검정 그림이 강한 인상을 준다. 모마님에게 불만을 토로한 존재들이 그려져 있고 서로 먹고 먹히며 함께 살아가고 있는 모습이 한눈에 들어온다.

근육 아저씨와 뚱보 아줌마
조원희 글·그림 | 상출판사

숲 속에 근육 아저씨와 뚱보 아줌마 두 사람이 살고 있다. 그들이 생명을 대하는 장면과 개미들이 잎을 모아 아줌마를 덮어 주는 장면을 보면 '공존'의 의미를 되새길 수 있다. 우리가 사는 세상에는 인간뿐만 아니라 크기와 모양이 다른 수많은 생명체가 함께 살고 있다는 사실을 확인할 수 있는 작품. 《이빨 사냥꾼》의 조원희 작가의 작품으로, 책으로 출간된 뒤 'CJ 애니메이션 기획전'을 통해 영상으로 재탄생했다. 포털에서 검색하면 감상할 수 있다.

수업 나누기

지구에는 수많은 생명이 살고 있다. 그런데 '인간'은 마치 자신들만 살고 있는 것처럼 행동한다. 과연 지구에 인간만 존재한다면 잘 살 수 있을까? 그럴 수 없다면 어떻게 행동해야 할까? 환경을 '보호'해야 한다는 말 속에는 인간이 나약한 다른 생명들을 아끼고 보살펴 줘야 하는 우월한 존재라는 인식이 숨어 있다. 하지만 인간도 지구에 속한 여러 생명 가운데 하나로, 다른 생명과 '함께' 살아야 한다는 생각으로 이 활동을 시작했다.

움직이지 않고 늘 제자리에 있는 탓에 생명이 아닌 줄로 착각하는 식물. 그중 꽃은 의외로 우리 삶과 연관이 많다. 기쁠 때, 슬플 때, 즐거울 때, 행복할 때 우리는 꽃과 함께했다. 서로 주고받거나 장식을 하고 심지어 먹을 수도 있다. 유기견 보호소를 다룬 다큐멘터리를 보면서 인간이 다른 생명을 어떻게 대하는지 확인했다. 다큐가 끝난 후 잠깐의 정적이 흐르고, 소감을 나누는 시간에 아이들은 고통 받는 동물들을 생각하며 분노했고 그런데도 사람에게 다시 마음을 열어 주는 유기견들을 보며 미안해 했다.

배운 것을 삶 속으로 가져오기 위해 《안녕, 폴》을 읽고 각자 펭귄 알을 구하기 위한 활동을 골라 일주일 동안 실천했다. 좋은 실천을 함께 하기 위해 나도 샴푸를 쓰지 않겠다고 약속했다. 아침마다 이야기를 나누면서 실천 정도를 확인했다. 드디어 약속한 일주일이 지나 활동 이야기를 나누는 시간. 아이들은 평소에 자주 하던 잘못된 습관을 버리고, 잘하지 않던 행동을 실천한 것에 대해 뿌

듯함을 느끼고 스스로를 대견해 했다. 집에 가는 길에 쓰레기를 버렸다가 다시 주워 집에서 버렸다는 아이도 있었고, 평소 샴푸를 세 번 누르는데 한 번 누르 겠다는 약속을 지켰다고 신나게 말하는 아이도 있었다. 안 쓰는 전자 제품 콘센 트 뽑기 같은 사소한 행동으로도 펭귄 알을 살릴 수 있다는 사실에 아이들은 기 뻐했다. 막상 실제로 해 보니 별로 어렵지 않았다는 아이도 있었다. 앞으로도 계속 지켜야겠다는 다짐도 꽤 많았다.

아이들은 모든 활동에 즐겁게 참여했다. 바로 눈앞에 보이지는 않았지만, 그 림책 속 등장인물을 위해 또는 어딘가 살아가고 있을 생명들을 위해 열심히 배 우고 약속하며 실천했다. 활동을 마무리 지을 때쯤 아이들은 이 활동을 하나의 수업이 아니라 삶의 일부분으로 진지하게 받아들였다. '나 혼자 지구를 지키려 고 노력해 봤자 바뀌는 것이 없다.'라는 생각은 '나부터 실천하자.'라는 다짐으로 변해 갔다. 이런 경험을 해 본 아이는 환경을 '보호'하기보다는 생명과 더불어 '공존'할 수 있는 어른으로 자라게 되지 않을까.

다섯

정을
곁들이자

평화

그림책 미리 보기 1

만들다
니카와 슌타로 글·후쿠다 이와오 그림 | 북뱅크

'만들다'라는 낱말을 만나면 '무엇을?'이라는 말이 떠오른다. 표지에 있는 것처럼 다리를 만들고, 길을 만들고, 차를 만들고……. 그림책 내용도 그렇다. "흙으로 무엇 만들지", "흙으로 뱀 만들지"라는 두 문장이 왼쪽 면에 있고, 오른쪽 면에는 "뱀으로 무엇 만들지", "뱀으로 항아리 만들지"라는 두 문장이 그림과 함께 있다. 이렇게 두 면이 말을 주고받듯이, 끝말잇기 하듯이 펼쳐진다. "항아리로 무엇 만들지", "항아리로 술 만들지"에 이어지는 문장이 무엇일지, 그것으로 또 어떤 것을 만들 수 있을지 맞혀 보는 재미가 있다.

흥겹게 흘러가던 그림책은 "사람으로 무엇 만들지"에서 분위기가 바뀐다. 지금까지는 '사람이' 무엇을 만들었다. 그런데 이제 '사람으로' 무엇을 만들지 물어본다. 그리고 마지막 질문을 만날 때는 멈칫하게 된다. 단순한 분위기의 반전이 아니기에 숨이 막히기도 한다. 마지막 질문에 대한 답을 찾으며 인간이 만들 수 있는, 그동안 만든 수많은 것을 다시 생각해 보게 된다. 앞으로 인간이 무엇을 만들어야 하는지도.

저학년

맨 마지막에 고구마를 먹는 모습이 부러웠다. 아빠랑 먹고 있었는데, 나도 아빠랑 단둘이 군고구마를 먹고 싶다. 그리고 마지막에 전쟁이 났는데, 우리나라도 전쟁이 나면 북한이 미사일을 쏠까 봐 겁난다. 무섭다.

나중엔 전쟁으로 끝났다. 근데 나는 전쟁을 없애고 싶다. 사람들의 목숨을 앗아 가는 전쟁! 난 전쟁이 싫다.

고학년

마지막 장면, 정말 소름이 끼쳤다. 전쟁, 평화. 거리가 참 먼 친구들. 평화롭게 살자, 좀!

진짜 전쟁은 무얼 만들까? 승리? 포로? 노예? 땅? 그냥 사람들이 자기 나라에 만족하면서 평화롭게 살지. 땅을 뺏고 많은 사람의 목숨을 앗아 간 죄를 어찌할까. 전쟁을 만들지 말고 평화를 만들면 좋겠다.

처음부터 거의 끝까지 '무엇 만들지' 하다가 전쟁이 되어 버렸다. 전쟁이 나오니까 분위기가 변했다. 책에서든 실제로든 전쟁은 만들지 않았으면 좋겠다. 전쟁은 무얼 만들기는커녕 지금까지 만든 모든 것들을 망치고 없앤다. 전쟁이 만드는 것을 찾으라면, 전쟁은 폐허를 만들고 상처를 만든다. 전쟁은 사람 사이에 벽도 만든다. 전쟁은 없으면 좋겠다.

평화란 어떤 걸까?
하마다 게이코 글·그림 | 사계절

한국·중국·일본이 공동 기획한 '평화 그림책' 제3권으로, 다큐 영화 〈그리고 싶은 것〉에서 권윤덕 작가와 함께 《꽃할머니》의 주인공 심달연 할머니를 만나서 울던 일본 작가 하마다 게이코의 작품이다.

제목이 질문 형식이라 표지를 읽으면서부터 답을 하며 이야기를 시작하게 된다. 그림책을 읽기 전과 다 읽고 나서 아이들이 생각하는 '평화'가 어떻게 달라지는지 견주어 보는 재미가 있다.

아이들은 '평화' 하면 '전쟁을 하지 않는 것'이라고 생각한다. 그림책도 아이들의 시선을 따라 첫 장면에 커다랗고 시커먼 비행기, 곧 땅으로 총을 쏘아 댈 것만 같은 비행기를 두 면 가득 담고, "전쟁을 하지 않는 것"이라는 글을 싣고 있다. 그 '전쟁'은 아이들이 겪어 보지 못한 것이다. 그러니까 어찌 보면 '평화'도 그렇게 아이들의 삶과 거리가 먼 것으로 생각할지도 모르겠다. 그래서 이 그림책은 전쟁을 사람과 연결시키고, '친구들과 함께 공부도 할 수 있는 것'이라고 하며 아이들의 일상 속으로 파고든다. 평화가 어떤 것인지 단순하게 늘어놓기만 하는 게 아니라 "잘못을 저질렀다면 잘못했다고 사과하는 것"이라고 단호하게 말하며 평화가 어떤 것이어야 하는지 이야기한다.

평화가 무엇인지, 평화를 위해 무엇을 해야 하는지 알게 되는 작품이라 일상에서 평화를 만들어야 한다는 생각을 자연스럽게 갖게 한다.

저학년

내가 생각하는 평화는 함께 있는 것이다. 함께 먹을 수 있는 것이 공감됐다. 친구를 이해하려고 노력해야겠다. 자연을 파괴하지 않는 것, 즐기는 것, 우기지 않는 것이 필요한 것 같다.¶

나는 평화란 행복하게 웃는 것, 싸우지 않는 것, 사랑하는 사람이 생기는 것, 상처가 나지 않는 것, 전쟁이 나지 않는 것이라고 생각한다. 지금까지 동생과 싸우기만 했는데 이제부터 동생과 싸우지 않겠다. 그리고 이제부터 찡그리지 않고 행복하게 웃을 거다.¶

고학년

평범한 일상 속 소소한 것, 잠깐 지나가는 것도 평화인 것 같다. 그렇게 보니 일상 속 소소한 평화조차 얻지 못하고 지금 이 시간에도 고통을 겪고 있는 사람들에게 미안해지고, 나의 행동을 반성하게 된다. 지금 이 순간의 평화도 소중하고 감사하게 여기고 하루하루 소중히 살아야겠다.¶

지금 내가 누리고 있는 일상이, 평화가 당연한 게 아니라는 걸 알게 되었다. 특히 아침까지 잘 수 있는 게 평화라는 말이 인상 깊었다. 일찍 자기 싫어서 맨날 늦게 자려고 했는데 책을 보고 당연한 게 아니고 감사하게 여겨야 한다는 걸 알게 되었다.¶

그림책 활동지-저학년 평화롭게 살아요

1-1 그림책 《만들다》를 감상해 보세요.

1-2 그림책 《만들다》의 마지막 물음에 답해 보세요.

2-1 전쟁을 없애기 위해서는 무엇이 필요할까요? 평화를 만들기 위해서는 무엇이
필요할까요?

2-2 그림책 《평화란 어떤 걸까?》를 감상해 보세요.

2-3 내가 생각하는 평화란 어떤 것인지, 여섯 가지를 써 보세요.

①

②

③

④

⑤

⑥

3-1 내가 쓴 여섯 가지의 '평화'를 담아 8쪽짜리 책을 만들려고 합니다. 책 제목을 무엇으로 하면 좋을까요?

3-2 책을 만들어 보세요.

1쪽은 표지, 2~7쪽은 내가 생각하는 평화 여섯 가지, 8쪽은 내가 만든 책을 보고 친구들이 써 준 글로 구성한다.

4 활동을 통해 배우고 느끼고 깨달은 점을 써 보세요.

아이들 활동 엿보기

■ **그림책 《만들다》의 마지막 물음에 답해 보세요.**

죽음 / 없애는 것 / 나라를 없애는 것 / 땅을 좁게 만들지 / 슬픔 / 역사 / 묘지 / 천국과 지옥 / 나라 구하지 / 아픔 만들지 / 생명을 잃지 / 사람의 마지막을 만들지

■ **전쟁을 없애기 위해서는 무엇이 필요할까요? 평화를 만들기 위해서는 무엇이 필요할까요?**

의심이 없는 나라 / 사랑 / 의견 존중 / 넓은 마음 / 인정 / 이해 / 화해하는 손 / 기다림 / 통일 / 함께 친한 것 / 화해 / 따뜻한 마음 / 배려 / 용서 / 화목 / 표현 / 설득 / 믿음 / 먼저 공격하지 않는 것 / 싸우지 말고 만나서 대책을 세워야 한다

■ **내가 생각하는 평화란 어떤 것인지, 여섯 가지를 써 보세요.**

• 누군가 사랑할 수 있는 것, 상처가 나지 않는 것, 웃는 것, 좋은 말을 쓰는 것, 싫어하는 사람이 생기지 않는 것, 전쟁을 하지 않는 것

• 친구랑 노는 것, 사랑하는 사람과 함께 있는 것, 모두가 행복한 것, 친구를 사귈 수 있는 것, 함께 살아갈 수 있는 것, 내가 즐거운 것

• 폭탄을 안 던지는 것, 사이좋게 지내는 것, 싫으면 싫다고 말하는 것, 친구를 안 때리는 것, 놀리지 않는 것, 욕하지 않는 것

• 편하게 잘 수 있는 것, 먹을 수 있는 것, 친구랑 노는 것, 약속 지키는 것, 사랑해 주는 것, 함께 살아갈 수 있는 것

• 웃으면서 말하는 것, 그림을 그리는 것, 좋아하는 노래를 듣는 것, 예쁜 옷

을 입는 것, 같이 집에 가는 것, 방 꾸미는 것

• 통일하는 것, 자기 자신을 믿는 것, 화내지 않는 것, 친구를 사귀는 것, 불만 없는 것, 잘 감싸 주는 것

■ **평화 책의 제목을 무엇으로 하면 좋을까요?**

평화란 이런 거야 / 평화란 뭘까? / 나의 평화란 / 평화를 만들려면 / 평화로운 세상을 만들자 / 진정한 평화 / 평화롭다 / 평화는 좋은 것이다 / 평화롭게 사는 방법 / 평화는 이런 것 / 평화는 좋아 / 평화를 파괴하지 말자 / 평화로워지는 방법 6가지 / 지구의 고통

■ **8쪽짜리 책을 만들어 보세요.**

1쪽 표지 ｜ 2~7쪽 내가 생각하는 평화 여섯 가지 ｜ 8쪽 친구들이 써 준 글

책 표지

책 표지

평화책 1쪽

평화책 2쪽

평화책 3쪽

평화책 4쪽

평화책 5쪽

평화책 6쪽

평화책 7쪽

평화책 8쪽

다섯 정을 곁들이자

■ **활동을 통해 배우고 느끼고 깨달은 점을 써 보세요.**

• 전쟁은 나쁜 거고 싸움이랑 다른 걸 알았습니다. 지구를 구하고 음식을 골고루 먹고 자연을 파괴하지 않겠습니다. 그리고 '전쟁으로 뭘 만들지?' 할 때 많이 생각했습니다.

• 선생님과 함께 27명이 모두 〈하얀 헬멧〉을 봤다. 그런데 그 내용이 너무 슬프면서도 감동적이었다. 지금도 시리아 알레포에서 전쟁을 하고 있다. 그런데 그 폭탄이 떨어지는 전쟁 속에서 사람들을 구해 내는 하얀 헬멧을 쓴 사람들이 있었다. 그 사람들이 정말 대단한 것 같다.

• 내가 다른 사람을 때리면 맞은 사람의 평화가 깨질 수 있다. 이제 온 나라가 폭탄, 미사일 그런 것을 다른 나라에 뿌리지 않았으면 좋겠다.

• 생명이 소중한 것을 깨달았다.

• 전쟁은 세상에서 제일 나쁘고 속상하다는 것을 알았다.

그림책 미리 보기 2

군화가 간다
와카야마 시즈코 글·그림 | 황진희 옮김 | 사계절

'한·중·일 평화그림책' 여섯 번째 권이다. 제목이 뜻하는 것을 짐작하려면 학년이 높아야 가능할 것이다.

표지에는 어린아이가 잔뜩 긴장한 모습으로 나오지만, 그림책의 주인공은 제목에 나오는 '군화'이다. "척 척 척" 가던 군화가 "철벅, 철벅, 철벅!" "바다를 건너 이웃 나라로" 간다. 그 다음 장을 넘기면 한복을 입은 사람들이 쓰러지고, 고통 받는 사람들이 나온다. 그러니까 군화는 한국을 향해 나아갔고, 중국을 지나 또 다른 나라를 침략한다. 그러는 사이 군화는 낡고 "결국 너덜너덜해지고" 만다. 전쟁의 아픔, 전쟁 후에 남은 것들을 아주 단순하지만 똑똑히 보여준다.

이야기 끝에는 표지와는 다른 아이가 나온다. 예쁜 모자를 쓰고 편하게 서서 부드럽게 웃으며 또박또박 말한다. "나의 미래에 전쟁 따위는 필요 없다."라고. 미래의 주인공은 지금을 살아가고 있는 아이들이다. 그런 아이들이 하는 말, 평화롭지 못한 많은 것들을 거부하는 그 말을 우린 똑똑히 들어야겠다.

전쟁을 일으키는 사람들이건 침략을 당하는 사람들이건 모두들 절망에 빠지는 건 똑같다.

발을 보호해 주는 용도로 군화가 사용되는 것이 아니라 사람을 더 비참하게, 아프게, 쉽게 짓밟기 위해 사용되는 모습들이 상상된다. 전쟁으로 사람들이 아파하는 장면들도 상상된다. 마지막 장면처럼 미래에는 전쟁이 일어나지 않으면 좋겠다.

전쟁은 서로 싸우는 나라 중 한 나라도 절대 평화로울 수 없다. 그리고 군화가 낡고 너덜너덜해져 가는 만큼 나라들도 그렇게 변해 간다. 그리고 군화와 함께 죽어 가는 사람도 많다. 군화도 군인도 고통스러웠을 것이다. 공격받는 사람도 고통스럽고, 공격하는 사람도 고통스럽다. 그리고 사람은 점점 잔인해져 간다. 그게 참 무섭다. 사람이 원래 잔인하지 않은데 전쟁이 그렇게 만든다.

전쟁을 하는 이유는 영토를 넓히거나 세 보이려고 그러는 것 같다. 이웃이면 친하게 지내면 좋을 텐데, 다 짓밟아 버리는 게 화가 난다. 전쟁이 있으면 평화가 있지만 전쟁한다고 해서 평화가 온다는 생각을 버렸으면 좋겠다. 후대 사람들을 위해서라도 전쟁을 없애면 좋겠다.

"나의 미래에 전쟁 따위는 필요 없다."라는 말이 굉장히 인상적이다. 사람들은 죄 없이 전쟁터로 끌려가서 농기구 대신, 가족의 손 대신 총을 잡는다. 비록 나라에 큰 공을 세워도 그 많은 목숨을 빼앗는 일은 진짜 못할 짓이다.

꽃할머니
권윤덕 글·그림 | 사계절

'한·중·일 평화그림책'의 첫 번째 작품으로, 권윤덕 작가가 심달연 할머니의 증언을 바탕으로 만들었다.

원예치료사와 함께 '꽃누르미' 작업을 하는 심달연 할머니는 일제 강점기 때 일본군 위안부로 끌려갔었다. 평화를 이야기하며 한국 작가로서 위안부 이야기를 할 수밖에 없다고 한 작가. 전쟁이라는 엄청난 폭력에 대한 이야기, '평화'에 대한 이야기가 아니라 일본이라는 한 나라의 잘못으로 잘못 읽힐까 걱정했다는 작가. 그래서 작품은 전쟁이 일어나고 있는 여러 지역에 대한 이야기로 마무리를 짓고 있다. 열세 살 꽃할머니가 겪은 아픔이 여러 나라에서 이어지고 있다는 말은 무엇을 뜻하는 것일까? 작가가 마지막 장면에 담고 싶었던 이야기는 무엇일까?

표지에 나오는 제비꽃이 작품 속에서 어떻게 바뀌어 가는지를 보면 제비꽃이 무엇을 뜻하는지를 짐작할 수 있다. 제비꽃만이 아니다. 그림책을 가만히 들여다보면 여기저기에 작은 그림들이 알아봐 달라고 손짓하고, 큰 그림들은 큰 상징을 담고 있다. 표지에서도 살짝 보이지만 그림이 참 곱다. 색도 강하지 않고 따뜻하다. 그래서 더 슬프다.

위안부 할머니들이 이렇게 심하게 고문당하신 줄 몰랐다. 수요 집회에 갔다 왔지만 다시 한 번 더 가서 '일본은 사과하라'고 소릴 쳐야겠다. 학교에서는 현장 학습으로 위안부 수요 집회에 가야 된다.

책을 가까이에서 직접 보니까 볼 수 있는 것들이 보였다. 다시는 위안부 같은 것이 안 생겨났으면 좋겠다. 사람의 즐거움을 위해 다른 사람을 공포와 고통으로 몰아넣는 게 얼마나 끔찍한가? 따지고 보면 나 즐겁자고 장난치는 것도 마찬가지이다. 권윤덕 작가님은 일본을 미워하고 싫어하라는 이야기를 쓴 게 아니라, 다시 돌아오지 않게, 다시 일어나지 않게 하라는 것 같다. 이 책을 많은 사람이 읽고 그 많은 사람이 이런 일을 막으면 좋겠다.

자기 잘못도 아닌데 일생이 사라지다니 너무 무섭고 슬프다. 이런 일본에 대한 트라우마가 있는데도 모두가 좋아하면서 사는 걸 원하시다니, 이분들 위안부 할머니들을 위해 내가 커서 모두가 즐겁게 사는 세상을 꼭 만들어야겠다. 그리고 이 한·중·일 평화 프로젝트를 제시한 일본 작가처럼 일본도 진심으로 사과하고, 이 프로젝트의 의미처럼 평화롭게 누굴 미워하지 않고 살고 싶다.

그림책 활동지-고학년 정겹게 평화롭게

1 '평화' 하면 무엇이 떠오르나요?

2-1 전쟁 후에는 어떤 일이 벌어질까요? 전쟁의 피해에는 어떤 것들이 있을까요?

2-2 그림책 《군화가 간다》를 감상해 보세요.

3-1 전쟁으로 피해를 입은 사람에는 누가 있을까요?

3-2 권정생 작가의 동시 〈알리〉와 〈바그다드〉를 감상해 보세요.

알리

의사가 되고 싶었어요 / 가난한 사람 / 치료해 주려고요 //

나는 겨우 / 열 살이에요 // 두 팔이 / 잘려 나갔어요 // 이젠 무얼 하지요 //

엄마 / 아빠 // 그리고 / 뉴욕의 아이들아 // 난 어쩌지 / 어찌하면 좋지…

바그다드

바그다드 / 하늘에 / 불꽃놀이하듯 // 폭탄이 떨어졌어요 / 아이들이 죽었어요 //

저 폭탄들을 / 누가 만들었을까요? // 아이큐 / 180의 / 훌륭하신 아저씨들 //

바그다드의 / 엄마가 울고 있어요

3-3 그림책 《꽃할머니》를 감상해 보세요.

3-4 EBS 〈지식채널 e〉 '꽃을 사랑한 심달연', '비공식 세계신기록' 편을 감상해 보세요.

3-5 그림책 《꽃할머니》의 마지막 장면은 무슨 뜻을 담고 있을까요?

3-6 한겨레신문에 실렸던 〈베트남 피에타상과 소녀상〉 기사를 읽어 보세요.

4-1 전쟁을 없애기 위해, 평화를 만들기 위해 무엇이 필요할까요?

4-2 그림책 《평화란 어떤 걸까?》를 감상해 보세요.

4-3 내가 생각하는 평화란 어떤 것인지 써 보세요.

4-4 위에 쓴 '평화'를 담아 작품을 만들어 보세요. (책, 사진, 포스터, 영상, 시계, 바느질 작품 등)

5 활동을 통해 배우고 느끼고 깨달은 점을 써 보세요.

아이들 활동 엿보기

■ '평화' 하면 무엇이 떠오르나요?

남북 / 통일 / 배려 / 자유 / 화해 / 휴일 / 비둘기 / 인권 / 인권선언문 / 시위 / 평화 운동 / 평정심 / UN / 안전 / 자연 / 녹색 / 꽃 / DMZ / 주말 오후 / 주위가 평온한 것 / 서로 싸우지 않고 배려하는 것 / 행복하게 사는 세상 / 자유롭게 살아가는 것 / 전쟁이 없는 것 / 모두가 행복한 것 / 차별이 없는 것 / 아름답다 / 조용하다 / 전쟁 / 자는 것 / 서로 친한 관계를 유지하는 것 / 하늘색 / 들판 / 휴전 / 엄마가 조금 쉬라고 말하는 것 / 푸른 숲 / 다 같이 사는 것 / 하얀색 / 폭탄 / 광화문 / 아무 일도 일어나지 않는 것 / 모두가 안전하게 사는 것 / 친구 희래 / 빛 / 칼 / 대통령 / 촛불 / 노란색 / 웃음 / 아이들 / 이야기 / 민주주의 / 있는 그대로 / 민들레 / 마음의 평화 / 소수자 / 남에게 피해를 주지 않는 것

■ 전쟁 후에는 어떤 일이 벌어질까요?

가족들과 헤어짐 / 전쟁고아 / 집이 무너지고 사람이 죽는다 / 새 나라가 생긴다 / 정치 혼란 / 나라가 망한다 / 죄 없는 시민이 많이 죽는다 / 젊은 남자들이 군대에 끌려간다 / 모든 것이 초토화된다 / 가족이랑 떨어진다 / 엄마 아빠가 없어져요 / 다치게 되고 불안함에 떨게 된다 / 살 곳이 없어지고 피바다가 된다 / 되돌릴 수 없다 / '언젠가 죽겠지'라고 생각할 것 같다 / 6·25 시절로 돌아가 다시 성장해야 한다

■ 전쟁으로 피해를 입은 사람에는 누가 있을까요?

전쟁을 한 나라의 사람들 / 일반 시민들(학생, 청년, 청소년, 아기, 노인, 할머니, 할

아버지) / 나라를 지키려는 군인 / 아무런 죄 없는 국민들 / 아무 연관이 없는 우리 같은 사람들 / 여자 / 동물 / 모든 사람

- **권정생 작가의 동시 〈알리〉와 〈바그다드〉를 감상해 보세요.**
  - 어린아이들의 꿈, 미래를 짓밟는 전쟁. 두 팔이 절단되고 아이들이 학살될 때 어른은 무엇을 했을까? 전쟁을 멈췄나?
  - 이런 아이들이 지금도 많다니! 사람들이 바보같이 시계를 거꾸로 돌려 무기를 만든다. 무기를 만들어서 전쟁을 하겠지? 아이큐 180의 훌륭한 아저씨들, 머리를 잘 좀 쓰세요. 평화로워지는 곳에.
  - 전쟁을 의도한 사람들은 따로 있는데 아무 죄 없는 민간인들이 고통을 겪고 있다. 전쟁에 대해 다시 한 번 생각해 보아야겠다. '아이들이 무슨 죄일까?'
  - 전쟁은 아이들의 꿈을 빼앗아 가는 것 같다. 점점 더 강한 무기를 만든다는 것이 무섭다. 언젠간 조금 더, 조금 더, 조금 더 강한 무기를 만들다가 나라가 멸망할지도 모른다는 생각이 들었다.
  - 어른보다 약하지만 미래를 만들 사람은 우리다. 그런데 아이들이 죽으면 더 이상 미래가 없는 것과 같다.

- **EBS 〈지식채널 e〉 '꽃을 사랑한 심달연', '비공식 세계신기록' 편을 감상해 보세요.**
  - 동영상을 보고 100명 중 86명 정도가 위안부를 모른다는 것에 놀랐다. 그동안 위안부를 별로 생각하지 않은 것이 죄송하고 부끄러웠다. 앞으로 잊지 않고 일본에게 사과를 받도록 노력해야겠다.
  - 지금까지도 일본이 사과를 안 했다는 게 놀랍고 우리나라도 뭐 별로 한 게 없으니 뭐라도 해야 될 것 같다. 이런 안 좋은 신기록이 있다는 게 안타깝다.
  - 할머니들 모두가 사과를 받고 돌아가셨다면 한은 풀렸을 텐데. 이제 살아

계신 분이 얼마 남지 않아서 슬프다.

· 욱했어요. 할머니들이 너무 슬퍼 보였어요. 저도 너무너무 슬퍼요.

· 이렇게 할머니들은 노력을 하는데 정작 나라는 무엇을 하고 있는 걸까? 참 무책임한 나라에 살고 있는 것 같다.

· 위안부 문제는 정말 심각한 것 같다. 문제를 아는 사람도 없으니까 이렇게 더 심각해지는 것 같다.

■ 그림책 〈꽃할머니〉의 마지막 장면은 무슨 뜻을 담고 있을까요?

· 모두가 평화롭기 위해 전쟁 자체를 하지 말아야 한다.

· 예전의 일이 반복되고 있으니 이제 반복되지 않게 해야 한다.

· 전쟁은 아직 끝나지 않았으니 이제 전쟁을 끝내자.

· 지금도 곳곳에서는 전쟁으로 고통 받고 있으니까 더 이상은 고통 받고 있는 사람이 없어졌으면 좋겠다.

· 역사는 반복되는 것이다.

· 전쟁에 대해 관심을 가져야 한다.

· 지금도 꽃할머니가 겪은 일이 세계 곳곳에서 일어나고 있다.

■ 신문 기사 〈베트남 피에타상과 소녀상〉을 읽어 보세요.

· 우리가 일본에게만 피해 받고 있는 피해자라고 생각했는데, 우리가 베트남을 대상으로 가해자가 되었다는 게 정말 부끄럽다.

· 우리나라가 일본에게 사과를 요구하고 있는데, 우리나라는 베트남에서 우리가 한 것을 가르치지 않아 기분이 묘했다.

· 우리가 일본에게 사과를 먼저 받으려면 우리도 베트남에게 사과해야 할 것 같다. 세계 평화는 인정과 사과로부터 시작되는 것 같다.

• 다른 나라가 잘못한 역사만이 아니라 우리가 잘못한 것도 좀 알아야겠다.

• 베트남은 우리와 똑같은 일을 겪었지만 아이들은 이 일을 우리보다 더 많이 알고 있는 것 같다. 우리도 많이 알고 있어야겠다.

■ **전쟁을 없애기 위해, 평화를 만들기 위해 무엇이 필요할까요?**

평화를 만들기 위해 여러 나라와 소통하고 협력해야 한다 / 각 나라가 무기를 사거나 만들지 말아야 한다 / 마음이 아픈 사람을 잊지 않으려는 노력 / 생명을 존중하는 마음 / 규칙과 양심 / 전쟁 문제에 관심을 갖고 서로 사이좋게 지내는 것 / 기억한다 / 자신의 이익만 생각하지 않고 다른 사람도 생각해 준다 / 싸움이나 다툼이 없게 서로간의 경쟁을 일으키지 않는 것 / 나의 생각부터 평화롭게 만드는 것

■ **내가 생각하는 평화란 어떤 것인지 써 보세요.**

화가 나도 참는 것 / 잘못한 것을 받아들이는 것 / 다른 사람의 이야기를 들어주는 것 / 수요일의 기록이 멈추는 것 / 아프면 병원에 갈 수 있는 것 / 나의 생각과 의견을 당당하게 말할 수 있는 것 / 누구와도 같이 놀 수 있는 것 / 배우고 싶으면 얼마든지 배울 수 있는 것 / 건강이 좋은 상태로 오래 사는 것 / 다른 사람의 입장도 생각해 주는 것 / 꿈을 꿀 수 있는 것 / 재미있는 책을 읽는 것 / 자유로운 것 / 사랑하는 사람과 함께 있는 것 / 공부를 마음 편히 하는 것 / 서로 돕는 것 / 배고픈 사람이 없는 것 / 남을 존중하는 것 / 상대방을 이유 없이 싫어하지 않는 것 / 누군가 내 욕을 하지 않고 나도 누군가의 욕을 하지 않는 것 / 힘든 일이 있어도 웃을 여유가 있는 것 / 친구의 감정을 생각하며 말하는 것 / 인간으로서 양심을 지키는 것 / 세상이 살기 좋은 곳이라고 생각하는 것 / 대한민국 안전에 흠집이 나지 않는 것 / 차별 따윈 하지 않는 것 / 다른

사람이랑 비교하지 않는 것 / 아무 이유 없이 화내지 않는 것 / 미안하다고 빨리 사과하는 것

- **■ '평화' 작품을 만들어 보세요.**

작품 만드는 모습

포스터에 담은 평화 1

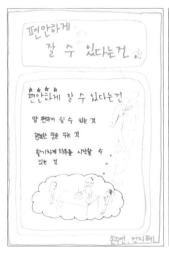

포스터에 담은 평화 2

포스터에 담은 평화 3

포스터에 담은 평화 4

담으로부터의 평화

이 사진은 아파트 뒤 주차장에서 야구하다가 공이 담 뒤로 넘어가서, 야구를 계속할 수 있는 평화를 위해 공을 주우러 담을 넘어가는 사진이다. 사진 찍은 사람은 종률이다. 다른 사람들은 이 사진을 보면서, 담을 넘어가는 것은 평화와 오히려 반대되는 이야기일 거라고 생각을 하겠지만, 그래도 평화 사진이다.

사진에 담은 평화 1

사진에 담은 평화 2

사진에 담은 평화 3

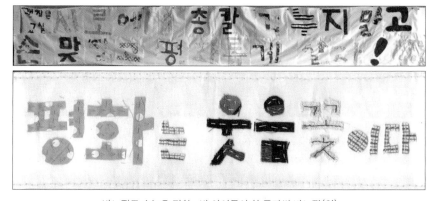

바느질로 수놓은 평화 - 반 아이들이 한 글자씩 바느질(위)

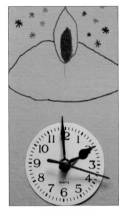

시계에 담은 평화 1   시계에 담은 평화 2   시계에 담은 평화 3

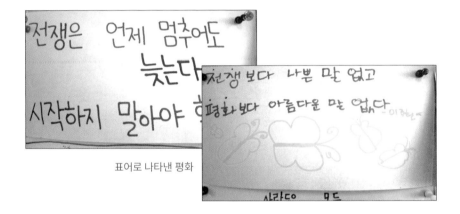

표어로 나타낸 평화

목판화에 담은 평화

세계 지도에 담은 평화

6학년 아이들 모두가 세계 지도의 한 부분에 평화가 무엇인지를 한 문장으로 표현하였다. 아이들이 지도에 담은 '평화'는 다음과 같다.

평화는 모두의 웃음소리를 들을 수 있는 거야. / 평화는 내가 좀 더 다가가야 오는 거야. / 평화는 내일을 기대하며 잠드는 거야. / 평화는 물이야. 일상 속에서 늘 먹잖아. 하지만 물이 부족한 곳도 있어. 그래서 평화가 부족한 곳도 있지. / 평화는 꿈을 꿀 수 있는 거야.

■ **활동을 통해 배우고 느끼고 깨달은 점을 써 보세요.**

· 평화를 만들려면 나의 생각부터 평화롭게 만드는 것이 필요하다는 게 나의 생각이다. 나로 시작해서 다른 사람으로 퍼져 나가는 것, 마치 배려처럼 말이다. 지금은 평화롭지 못해서 행복하지 않은 사람이 있지만 앞으로 모두 행복했으면 좋겠다.

- 평화를 지키는 것은 의외로 간단하기도 하고 어렵고 까다롭기도 한 것 같다. 앞으로는 무기를 파는 곳이 없어지고 무기도 없어지고 전쟁도 없어지고 전쟁을 일으킬 일들도 사라져 전쟁을 하지 않으면 좋겠다. 지금도 전쟁 중인 나라들은 전쟁을 멈춰야 한다고 생각한다.

- 이런 활동이 나를 한 번 더 평화롭게 만들어 준 거 같고, 욕심을 부리면 그 상대뿐만 아니라 다른 사람들에게도 피해가 간다는 것을 알았다. 평화롭기 위해서는 내가 평화로워야 된다. 이 활동은 우리 반, 우리 학교, 세상을 평화롭게 하기 위한 것인 것 같다.

- 나는 어디에 평화가 있고 지금이 평화로운지 전혀 생각을 안 했었다. 덕분에 평화가 어디에 있고 그 평화를 어떻게 찾아야 하고 지금이 평화로운지 알게 되었다. 책도 만들면서 내가 생각하는 평화는 무엇인지 잘 펼칠 수 있게 되었다. 평화를 어떻게 생각하고 있는지 생각할 수 있게 되어서 다행이다. 더 평화로운 날이 됐으면 좋겠다.

- 평화 그림책도 보고, 그림도 보고, 노래도 듣고, 바느질도 하면서 평화를 위해 애쓰는 방법은 참 다양하다는 걸 알게 되었다. 엄청나고 거창한 일이 아니어도 평화를 위할 수 있다는 것도 알게 되었다. 이 활동을 하기 전에는 전쟁에 직접 참여하거나 정치에 참여해야 평화를 가져올 수 있는 줄 알았는데 아니라는 걸 깨달았다. 지금 내가 누리고 있는 삶에 조금 더 감사해졌고.

함께 볼만한 영상

EBS 〈지식채널 e〉
'하얀 헬멧' 1, 2부

2011년부터 시작된 내전으로 고통 받고 있는 시리아. 그 가운데서도 하루 50번 이상 하늘에서 통폭탄이 떨어지는 가장 위험한 곳 알레포. 국제 구호 단체들도 들어가지 못하는, 전쟁의 공포가 가득한 그곳에 스스로 찾아 들어가 3년간 6만 2000여 명의 어린이와 민간인을 구조한 시리아 민간인 구조대의 별칭 '하얀 헬멧'의 이야기를 담고 있다. 반군과 정부군 모두의 표적이 된 그들의 이야기는 전쟁 속에서 평화를 지키는 것이 어떤 뜻인지, 한 생명을 구한다는 것이 무엇인지 다시 한 번 생각해 보게 한다.

다큐 영화 〈그리고 싶은 것〉
권효 감독, 권윤덕 주연, 김여진 출연(그림책 구연)
The Big Picture, 2012 제작

그림책 《꽃할머니》가 만들어지는 과정을 담고 있다. 그림책의 주인공인 심달연 할머니와 평화그림책 작업에 함께한 한·중·일 작가들을 만날 수 있다. 작가들마다 어떤 '평화'를 담고 싶어 하는지 들을 수 있고, 세 나라에서 공동 출간하기로 해 놓고서 왜 아직도 일본에서 이 그림책이 나오지 못하는지 살펴볼 수 있다.

《꽃할머니》 작품을 보는 일본 아이들의 반응은 <베트남 피에타상과 소녀상> 기사를 읽은 우리 아이들과 비슷하다.

수업 나누기

평화. 꼭 필요한 것이라고도 하고, '전쟁'의 반대말로만 여겨 당연히 다 누리고 있는 것이라고 생각하기도 한다. 하지만 "전쟁 같은 하루였어." "직장은 곧 전쟁 터야." "요즘에 엄마하고 전쟁 중이야." 같은 표현에서 알 수 있듯이, 일상에서 '전쟁'이라는 말을 쉽게 쓴다. 삶이 평화롭지 못한데, 우리나라에서 전쟁이 일어나고 있지 않다고 해서 평화롭다고 말하긴 어렵다. 그래서 전쟁을 반대하는 먼 평화뿐 아니라 일상에서의 평화를 이야기하고 싶었다.

평화를 이야기하기 위해 저학년은 그림책 《만들다》의 마지막 질문에 답하는 것으로 시작했다. 고학년처럼 '평화' 하면 떠오르는 것을 묻는 것보다 평화에 다가가기가 쉽기 때문이다. 전쟁을 없애고 평화를 만들기 위해 무엇이 필요하냐는 질문과 '평화' 하면 떠오르는 것으로 고학년 아이들이 이야기한 것을 보면, 아이들은 반전의 뜻을 담은 평화보다 일상에서의 평화를 더 가까이 느끼고 있었다. 그래서 활동을 마치고 "전쟁에 직접 참여하거나 정치에 참여해야 평화를 가져올 수 있는 줄 알았는데 아니라는 걸 깨달았다."라고 이야기한 아이도 있었다.

《꽃할머니》와 관련해서는 영상도 보았고 위안부 할머니들의 작품을 물건으로 만들어 판매하는 '희움', '마리몬드'를 소개하고 교사가 사용하고 있는 제품을 보여 주기도 했다. 용돈으로 살 수 있는 팔찌를 사겠다는 아이들도 있었고, 핸드폰 케이스를 바꿀 때 부모님께 꼭 말씀드리겠다는 아이도 있었다. 아이들은 교사 책상에 놓여 있는 마리몬드 달력을 보면서 평화를 만드는 또 다른 모습을 발

견하기도 했다.

평화 관련 그림책은 한·중·일 평화그림책에 속한 작품들이 많다. 지금까지 사계절출판사에서 나온 평화그림책은 모두 11권이다. 나라마다 작가마다 평화를 이야기하는 방법이 어떻게 다른지 견주어 보면 좋다. 모두 읽고 어떤 작품이 평화를 가장 잘 담았는지 이야기를 나누어 보는 것도 재미있다.

몇 권의 그림책으로 평화를 다 이야기할 수는 없다. 더 깊은 이야기, 더 다양한 이야기는 평화나 인권 '감수성'을 키워야 한다는 뜻을 담아 교육하는 곳도 많고, 자료도 많으니 참고하면 좋겠다.

여섯

사람이
사람에게

인권

그림책 미리 보기 1

논다는 건 뭘까?
김용택 글 · 김진화 그림 | 미세기

"놀자!" 또는 "놀아라!"라는 말만큼 아이들이 바라는 말이 있을까? 아이들은 놀기 위해 세상에 태어났고, 놀면서 가장 많은 것을 배운다고 한다. 그만큼 놀이는 중요하다. 그런데 놀이가 무엇인지, 논다는 게 어떤 것인지 진지하게 생각해 본 아이들이 많은 것 같진 않다. 그림책의 질문에 선뜻 답할 수 있는 아이들이 얼마나 될까? 그래서 아이들 이야기를 먼저 들어 보면 좋겠다.

아이들이 '논다는 건 뭘까?'의 답으로 가장 먼저 생각하는 것, 그게 그림책을 펼치면 제일 먼저 나온다. '공부를 안 한다는 걸까?', '아무것도 안 한다는 걸까?' 맞다고 생각하는 아이들 이야기를 듣고, 아니라고 생각하는 아이들과도 이야기를 나누고 다음 장으로 넘기는 재미가 있다. 강이나 숲에서 노는 아이들을 보면 그렇게 놀고 싶어지고, 그림에 있는 놀이에 대해 자꾸 이야기하고 싶어진다. "논다는 건 좋아하는 것을 여럿이 함께 하는 거야."와 같은 문장을 만나면 아이들은 생각이 깊어진다. 그런 식으로 논다는 게 무엇인지 표현하고 싶어지기 때문이다. 그런 생각들을 모아 두었다가 그림책을 다 읽고 나서 나만의 책을 만들어 보는 것도 좋다.

저학년

내가 좋아하는 건 오카리나 연주, 만들기, 미술, 줄넘기이다. 그냥 아무 생각 없이 뛰어놀면 기분이 너무 좋아진다. 가끔은 낮잠을 자도 너무 좋다. 노는 건 내가 하고 싶은 걸 하는 거다. 이 책 마음에 든다. 앞으로 공부도 즐겁게 해야 되겠다.¶

놀다 보면 자기가 좋아하는 것을 쌓아 가는 것이 인상 깊었다. 그런데 그게 징검다리가 된다는 것도 신기했다. 나는 혼자 놀 때보다 친구랑 노는 게 더 더 더 좋다!¶

고학년

놀면서 배우는 게 맞다. 예를 들면 숨바꼭질할 때 어디에 숨을지 배운다. 그리고 논다는 건 자유 같다. 자기 맘대로 누가 말하는 걸 따르지 않고, 하고 싶은 놀이를 하는 거다. 나는 주말, 평일 매일 놀고 있다.¶

논다는 건 공부가 아닌 것인 줄 알았다. 근데 책을 읽다 보니 논다는 건 할 수 있는 것이 더 생겨나는 것이다. 한 가지 놀이를 계속해도 그 놀이를 더 잘하게 되는 것이다. 논다는 건 실력이 늘어나는 것.¶

나도 많이 놀아야겠다. 학원도 놀이동산 키 제한처럼 나이 제한을 두어서 중학생 때 들어가야 된다고 생각한다.¶

그림책 활동지-저학년 사람답게 살아요

1-1 '인권'의 뜻을 사전에서 찾아 써 보세요.

1-2 사람답게 살기 위해서 어떤 것들이 필요할까요?

2-1 EBS 〈지식채널 e〉 '나를 닮은 인형' 편을 감상해 보세요.

2-2 '나를 닮은 인형'처럼 인권을 보장받지 못하는 사람들에게 필요한 것에는 어

떤 것들이 있을까요?

3-1 어린이에게 필요한 기본 권리에는 어떤 것들이 있을까요?

3-2 그림책 《논다는 건 뭘까?》를 감상해 보세요.

4 우리 반 '어린이 인권 선언문'을 만들어 보세요.

5 활동을 통해 배우고 느끼고 깨달은 점을 써 보세요.

아이들 활동 엿보기

■ 사람답게 살기 위해서 어떤 것들이 필요할까요?

평화 / 공기 / 생명 / 음식 / 옷 / 물 / 불 / 구급상자 / 나무 / 잠 잘 수 있는 집 / 이
불 / 경찰 / 가게 / 병원 / 친구 / 가족

■ EBS 〈지식채널 e〉 '나를 닮은 인형' 편을 감상해 보세요.

• 이제까지 많은 인형을 보았지만 정성껏 만든 장애인 인형은 처음 보았다.
  지금이라도 똑같이 장애인 인형을 만들어서 다행이다.

• 세상에는 장애를 가진 사람이 참 많고 그 사람들을 위해 장난감(인형)을 만
  든 건 참 대단한 것 같다. 일반 인형보다 나를 닮은 인형이 있다는 것이 좋
  을 것 같다.

• 장애인들을 위해 닮은 인형을 만들어 주는 따뜻한 감성이 느껴졌고 나도 나
  와 똑같은 인형이 있었으면 좋겠다.

■ '나를 닮은 인형'처럼 인권을 보장받지 못하는 사람들에게 필요한 것에는 어떤 것
  들이 있을까요?

관심 / 사랑 / 존중 / 행복 / 나를 닮은 장난감 / 따뜻한 마음 / 자신감 / 친구 / 양
보 / 따돌리거나 때리지 않는 것 / 배려 / 인정 / 말로만 하지 않고 행동하는 것
/ 차별하지 않는 것 / 고운 말 / 장애인이 놀 수 있는 놀이터 / 치료 / 웃음 / 의
견 잘 듣기 / 함께하는 것

■ **어린이에게 필요한 기본 권리에는 어떤 것들이 있을까요?**

노는 것 / 가족과 함께할 권리 / 마음껏 상상하는 것 / 취미를 즐기는 것 / 하고 싶은 꿈을 계속 이어 가는 것 / 학교를 갈 수 있는 권리 / 엄마 아빠에게 사랑을 받는 것 / 밖에서 노는 것 / 게임하기 / 간식 먹는 것

■ **우리 반 '어린이 인권 선언문'을 만들어 보세요.**

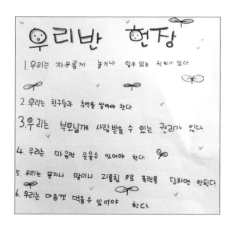

■ **활동을 통해 배우고 느끼고 깨달은 점을 써 보세요.**

· 처음에는 '인권'의 뜻이 뭔지 몰랐는데, 인권이 사람이 사람답게 살 권리라는 걸 처음 알았다. 자기의 권리를 알게 되었고 다른 사람들도 차별하지 않아야 한다는 걸 기억할 거다.

· 사람으로 살 권리가 아주 많다는 걸 알았고, 우리 반 인권 선언문도 만들어서 재미있었다.

· '유엔 어린이·청소년 조약'을 읽고 너무 공감이 되었다. 인권을 몰랐는데 인권에 대해 알아보았고, 어린이에게 필요한 권리에는 어떤 것들이 있는지 친구들의 발표를 들으면서 새롭게 알았다.

그림책 미리 보기 2

밀양 큰할매
김규정 글·그림 | 철수와영희

'어린이를 위한 인권 이야기'라는 부제가 달린 작품. 인권과 밀양, 할머니, 표지에 보이는 송전탑은 무슨 관련이 있을까?

앞면지 아래에는 무궁화가 가득 피어 있고, 첫 장면에는 태극기가 휘날린다. 무궁화와 태극기는 대한민국을 상징한다. 밀양에 사는 큰할매는 태극기를 잘 그리고 무궁화를 가꾸신다. 대한민국을 사랑하는 것이다. 일제 강점기를 살아서 나라 잃은 서러움을 아시기 때문에, 나라에서 하는 일이라면 다 그만한 이유가 있다고 생각하신다. 도시 가서 살자는 자식 말에, 평생 산 곳을 어찌 떠나냐며 자식을 키워 준 논밭을 돌보며 살겠다고 하신다. 그런 할머니의 일상은 뒷산에 송전탑이 세워지면서 달라진다.

송전탑이 들어설 곳으로 가려는 할머니를 막아선 전경들 앞에 노란 민들레가 활짝 피어 있다. 민들레가 포클레인에 담겨 있는 모습은 그 어떤 장면보다도 슬프고, 동네 사람들이 밝힌 촛불은 아름답게 빛난다. 송전탑이 일제가 산에 꽂은 쇠말뚝과 함께 서 있는 장면은 대한민국이라는 나라를 향한 할머니의 마음이 어떻게 변해 가는지를 보여준다.

도시에 사는 사람들은 좀 더 잘 살자고 지방에 원자력 발전소를 짓는다는 것이 슬프다. 그곳이 땅이 넓어서 그런가? 아님 그곳에 사람이 적게 살아서 그런가. 후자라면 잔인하다. 전기는 도시에서 더 많이 쓰는데 왜 고통은 지방 사람들이 받는지⋯⋯. 도시 사람들 좋으라고 자연에서 오순도순 살고 있는 사람들에게 피해를 주는 것은 옳지 않다고 생각한다. 나의 이익을 위해 다른 사람의 삶을 건드려선 안 된다. 그리고 정부는 자신들을 믿고 지지해 주는 사람들에게 큰 실망을 안겨 준 것 같다. 그들이 지방에 살고 있다면 과연 그랬을까?

밭농사 짓는 할머니들은 뭐 먹고 살라고. '더 편리하게, 더 밝게, 더 따뜻하게'라는 생각이 할머니들의 마음을 갈기갈기 찢는 것 같다. '인권'을 보장해 줄 수 있는 사람이 필요하다. '편리함'이 '평생을 살아온 고향'을 대신할 수는 없다.

나는 송전탑을 볼 때 '이 큰 송전탑을 어떻게 지었을까?' 하는 생각만 했다. 이제는 왜 지었는지, 할머니들을 얼마나 괴롭힐지도 생각해야겠다. 최대한 전압이 낮은 송전탑을 짓도록 국가에서 노력하면 좋겠다.

이런! 원자력 발전소, 송전탑이 이렇게 세워진다니. 그곳에 살던 사람들이 인권을 보장받지 못하고 있다. 송전탑이 세워지면서 일터를 잃고 있다. 우리나라의 생각이 많이 바뀌어야 한다. 발전소와 송전탑을 없애지는 못할망정, 더 만들다니. 이러다간 우리 모두의 일상이 무너질지도 모른다.

그림책 활동지-고학년 사람답게 인간답게

1-1 '사람답다', '인간답다'는 무슨 뜻일까요?

1-2 '인권'의 뜻을 사전에서 찾아 써 보세요.

2-1 사람답게 살기 위해서 기본으로 필요한 것에는 어떤 것이 있을까요?

2-2 EBS 〈지식채널 e〉 '전기가 내게 오기까지' 편을 감상해 보세요.

2-3 그림책 《밀양 큰할매》를 감상해 보세요.

2-4 인권을 보장받지 못하는 사람들에는 누가 있는지 조사해 보세요.

2-5 친구들이 조사한 이야기를 들어 보세요.

3-1 EBS 〈지식채널 e〉 '나를 닮은 인형' 편을 감상해 보세요.

3-2 어린이에게 필요한 기본 권리에는 어떤 것들이 있을까요?

3-3 그림책 《논다는 건 뭘까?》를 감상해 보세요.

4-1 '대한민국 어린이 헌장'과 '유엔 어린이·청소년 권리조약'을 읽어 보세요.

4-2 우리 반 '어린이 인권 선언문'에 어떤 내용을 넣으면 좋을까요?

4-3 우리 반 '어린이 인권 선언문'을 만들어 보세요.

5 활동을 통해 배우고 느끼고 깨달은 점을 써 보세요.

아이들 활동 엿보기

■ '사람답다', '인간답다'는 무슨 뜻일까요?

생각을 하고 행동하는 것 / 양심을 지키는 것 / 존중과 배려를 받는 것

■ 사람답게 살기 위해서 기본으로 필요한 것에는 어떤 것들이 있을까요?

존중 / 인권 / 배려 / 이해 / 양심 / 사랑 / 정직 / 책임 / 공정 / 정의 / 지혜 / 예의 / 양보 / 돈 / 친구 / 가족 / 살고자 하는 마음 / 하루에 밥 한 공기와 반찬 두 가지 / 누워서 뒹굴거릴 수 있고 일어섰을 때 손을 들 수 있을 높이의 공간 / 미니 선풍기와 전기장판 / 계절이 달라질 때마다 필요한 옷들 / 편히 쉴 수 있는 깔끔한 집 / 이불 / 책상 / 따뜻한 옷 / 보일러 / 교실의 1/4정도 크기의 집 / 전기 코드가 있고 화장실이 있는 집 / 음식을 만들 수 있는 공간과 잘 수 있는 공간이 있는 집 / 하루에 한 번 이상 신나게 크게 웃을 정도의 웃음 / 남녀 상관없이 취직할 수 있는 권리 / 깨끗한 물 / 마음을 나눌 수 있는 사람

■ EBS 〈지식채널 e〉 '전기가 내게 오기까지' 편을 감상해 보세요.

• 전기를 많이 쓰는 곳은 도시인데 정작 발전소 때문에 피해를 받는 사람은 농촌 사람이란 게 별로 안 좋은 것 같다.

• 우리나라는 몇 년 전까지만 해도 지진이 거의 발생하지 않는 안전한 나라라고 했는데, 지금은 지진이 자주 일어난다. 송전탑도 해결 방법을 찾지 않고 설치만 하면 우리나라를 망치게 된다. 하루 빨리 해결 방법을 찾으면 좋겠다.

• 우리나라가 전기 때문에 이렇게 위험한지 몰랐다. 난 그냥 전기만 보내는 줄 알았고 에펠탑 같다면서 웃었는데 웃을 일이 아닌 것 같다. 할머니, 할

아버지들이 안타깝다. 잘 살고 있는데 갑자기 송전탑을 세우려고 하니. 인권을 존중해 주면 좋겠다.

- 전기가 꼭 필요하지만 위험하게 생산하고 위험하게 나한테 오는 건 정말 싫다. 내가 전기를 써서 사람이 죽을 수도 있으니까. 전기 생산할 때 아파트엔 태양열 에너지 생산기를 설치하면 좋을 거 같다.

■ **인권을 보장받지 못하는 사람들에는 누가 있는지 조사해 보세요.**

우리와 피부색이 다르다고 해서 차별받는 흑인 / 몸이 불편하다고 해서 차별받는 장애인 / 가정 형편이 안 좋은 가난한 사람 / 갈 곳이 없고 더러운 옷을 입고 꾀죄죄하게 생겼다고 차별받는 노숙자 / 뒷 건물에 사는 애들은 엘리베이터가 없어서 다리를 다쳐도 힘들게 계단을 올라가야 한다 / 대리 운전기사 / 경비원 / 노동하는 어린이 / 쇼핑몰 노동자(도난 사건 – 소지품 검사) / 독거노인 / 난민 / 한센병 환자 / 배추 농장에서 일했던 캄보디아 출신의 근로자 / 어른들에게 성폭행당한 장애를 가진 여학생 / 버스 회사 관계자들이 탑승을 저지한 장애인 / 치과 진료를 거부당한 장애인 / 염전에서 노예 생활을 한 장애인 / 공장에서 일하다 눈을 다쳐 한쪽 시력을 잃은 외국인 노동자 / 학대받은 아이 / 에이즈 감염인

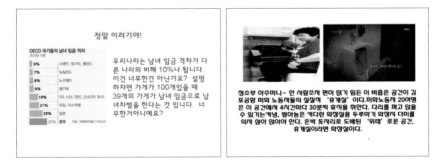

유전무죄 무전유죄???

> 2015년 7월 10일 오후 11시 40분 대리운전 기사에게 의사가 자기마음대로 운전하지않는다고 폭행을 하였지만 항소하여 무죄를 받았다.

한센병에 걸린 사람들에게 자유로움을 빼앗았다. 또 자식을 낳을 수 없게 했다

병속에 있던 아기

사진에 있는 길에서 한달에 한번 마주보고 서서 부모님과 만났다고 한다

abc 그게뭐야?

일하는 시간 평균 10시간
국가수입 10억
아이 일당 평균 680원
글자는 잘 배우지도 못함

요즘 노인들 175만명이 하는 이일은 무엇일까요?

아이들이 조사한 자료들

■ **EBS 〈지식채널 e〉 '나를 닮은 인형' 편을 감상해 보세요.**

• 우리 집에 그 휠체어를 탄 레고 장난감이 있다. 처음 그 장난감을 보았을 땐 좀 특이하다고 느꼈는데, 이런 뜻이 있을 줄은…….

• 나도 레고 만들기가 취미인데, 이상하게 장애인이 없었다. 어린이와 장애인의 인권을 존중해 주는 좋은 엄마들이다. 장애인 아이들이 많이 좋아할 것 같다.

• 장애 아동들이 모두 자신과 다른 인형을 보면, '왜 나만 이럴까'라고 생각할 수도 있을 것 같다. 그런데 자신을 닮은 인형을 보면 '나만 이렇지 않다'는 생각을 할 것 같다.

• 장애인들에게는 자기와 닮은 인형이 없었다는 게 안타깝다. 그것도 차별인 것 같다. 장애인들이나 누구나 보이지 않는 차별을 당하고 있는 것 같다.

■ 어린이에게 필요한 기본 권리에는 어떤 것들이 있을까요?

부모랑 살 수 있는 권리 / 어른들에게 무시당하지 않을 권리 / 공부할 권리 / 편안한 일상을 보낼 수 있는 권리 / 비참하게 죽지 않을 권리 / 전쟁의 위험을 받지 않을 권리 / 할 말은 할 수 있는 권리 / 차별받지 않을 권리 / 친구랑 어울릴 수 있는 권리 / 선을 안 넘는 선에서 해 보고 싶은 거 다 해 볼 권리 / 자존감을 보호받을 권리 / 자신의 감정을 표현할 권리 / 예방주사를 맞을 권리 / 친구들을 사귈 수 있는 권리 / 강제로 일하지 않을 권리 / 어른들 사이에서 보호받을 권리 / 깨끗한 곳에 살며 건강하게 자랄 권리 / 사랑과 관심을 받을 권리 / 뭐든지 강제로 하지 않을 권리 / 잠을 충분히 잘 권리 / 치료를 쉽게 받을 권리 / 나라의 일을 들을 수 있는 권리 / 정치를 알 권리 / 맞지 않을 권리 / 내가 무엇을 할지 스스로 선택할 수 있는 권리 / 맘껏 웃을 수 있는 권리 / 안전하고 행복하게 놀고 배울 수 있는 권리 / 자유롭게 뛰어놀고 상상할 수 있는 권리 / 가족의 한 사람으로서 가족에 대한 일을 결정할 수 있는 권리 / 우리가 우리의 진로를 정할 권리 / 소비자로서 인정받을 수 있는 권리

■ 우리 반 '어린이 인권 선언문'에 어떤 내용을 넣으면 좋을까요?

• 선생님께 자신의 생각을 말할 수 있는 권리가 있다.

• 자신의 주장을 자유롭게 펼칠 수 있다.

• 자유롭게 뛰어놀 권리가 있다.

• 쉬는 시간을 더 길게 가질 권리가 있다.

• 잘하는 것은 칭찬을 받을 권리가 있다.

• 친구와의 사이가 좋아질 수 있도록 선의의 거짓말을 할 권리가 있다.

• 우리가 장애인이건 뚱뚱하건 못생기건 여자이건 남자이건 차별을 받지 않을 권리가 있다.

- 나쁜 것만 아니면 하고 싶은 걸 할 수 있는 권리가 있다.
- 우리는 학교에서 쉬는 시간에 마음대로 친구들과 장난칠 권리가 있다.
- 우리는 학교에서 선생님께 심한 장난을 치지 않으면 혼나지 않을 권리가 있다.
- 우리는 학교에 있는 운동 기구나 물건을 마음대로 사용할 권리가 있다.
- 선배면 선배답게 행동한다.
- 자신의 주장을 자유롭게 말할 권리가 있다.
- 반 아이들은 똑같은 대우를 받아야 한다.
- 소외되는 아이가 없어야 한다.
- 선생님들은 우리의 의견을 진지하게 받아들여야 한다.
- 쉬는 시간을 보장받아야 한다.
- 깨끗한 교실에서 따뜻한 사랑을 받으며 배울 권리가 있다.

■ **우리 반 '어린이 인권 선언문'을 만들어 보세요.**

5학년 3반 어린이 인권 선언문

1. 우리에게 놀고 쉬는 시간이 제공되어야 하고, 안전하게 노는 장소가 있어야 한다.
2. 우리에겐 무엇을 잘못해도 용서받을 권리가 있다.
3. 우리는 우리의 취미와 꿈을 스스로 선택하고 존중받을 권리가 있다.
4. 우리는 우리와 관련된 것에 대해 알고 판단하고 결정할 수 있다.

어린이답게, 인간답게

1조 (학교)

1. 우리는 우리가 배우고 싶은 것을 배울 수 있어야 하고, 배우는 것을 방해 받지 않을 권리가 있다. 또 선생님의 수업을 할 권리 역시 지켜 주어야 한다.

2. 우리는 누구와도 어떤 이유에서든 집단적으로 폭력을 당해서도 해서도 안 된다.

3. 우리는 눈치 보지 않고 생리적 현상을 해결할 수 있어야 하고, 쉬는 시간을 보장받아야 한다.

2조 (집)

1. 우리는 비밀과 사생활을 존중받아야 한다.

2. 우리는 건강을 위해 충분히 먹고 쉬고 잘 수 있으며, 아프면 쉴 수 있어야 한다.

3. 우리에겐 취미를 존중받고 충분한 여가 시간을 즐길 권리가 있다.

3조 (세상)

1. 우리는 상황에 맞는 존중과 배려를 받아야 하며, 어떤 경우에도 무시와 폭력을 당하거나 해서는 안 된다.

2. 안전과 관련이 있는 경우를 빼고 우리는 어떤 차별도 받아서도 해서도 안 된다.

제1조 우리 반 아이들은 다 평등하고 같은 대우를 받는다.

제2조 소외되는 아이가 없도록 노력해야 한다.

제3조 자기 감정만 너무 내세워서는 안 된다.

제4조 쉬고 놀 수 있어야 한다.

제5조 자신을 위해서 다른 사람의 권리를 침해해선 안 된다.

제6조 선생님은 우리에게 최선의 것을 알려 줘야 한다.

제7조 선생님은 아이가 말할 때 경청해야 한다.

제8조 친구가 불편한 것이 있으면 해결하려고 노력해야 한다.

제9조 자유로운 사회에서 다른 사람의 권리를 이해하고 평화롭게
　　　살아가는 법을 배워야 한다.

제10조 잘못을 하면 적당한 벌을 받아야 한다. (단, 창피를 주거나
　　　상처를 주는 벌은 내릴 수 없다.)

제11조 남이 마음대로 내뱉는 말이 상처가 될 수 있기에 생각을 하
　　　고 말을 해야 한다.

제12조 우리에겐 우리의 의견을 말할 수 있는 권리가 있다.

제13조 심한 장난은 치면 안 된다. (장난을 받는 사람이 싫어하면 그
　　　것은 심한 장난이다.)

우리 반 '어린이 인권 선언문' 만들기

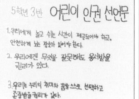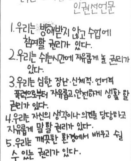

아이들이 만든 '어린이 인권 선언문'

■ 활동을 통해 배우고 느끼고 깨달은 점을 써 보세요.

· 우리는 모두 같은 인간인데, 누군가는 인간답게 살고 있지 않다는 게 기분
  이 좋지 않다. 우리 모두가 행복한 인간이 됐으면 좋겠다. 장애인, 외국인
  노동자 등 모두 차별받지 않으면 행복한 세상이 될 수 있을 것 같다. 가장
  가까이 있는 사람부터 존중해야겠다. 모두가 미소 지을 수 있는 지구가 됐
  으면 좋겠다. 원래 난 존중을 한 적이 한 번도 없는데, 이 활동을 한 후 인
  권에 대해 깊게 생각할 수 있게 됐다.

- 우리 반 '어린이 인권 선언문'을 만들어서 좋았다. '사람답게 인간답게' 활동지를 하다 보니 인권을 보장받지 못하는 사람들이 꽤 많은 것 같았다. '나만 너무 편하게 살고 있나?'라고 느꼈다. 사람답게 살지 못하는 사람들이 있다니, 나는 무엇을 해야 할까? 인간답게 사람답게 살려면 자신이 하고 싶은 걸 누려야 할 것 같다.

- 모든 사람은 평등하다. 그동안 대부분의 사람들이 인권을 보장받으며 살아가는 줄 알았다. 하지만 이 세상 곳곳에는 인권을 보장받지 못하는 사람들이 많았고, 그게 슬펐다. 인권이란 단어가 어렵게만 느껴졌었는데 활동을 통해 조금은 마음에 와 닿았다. 나만 인권을 존중받는 게 아니라 한 사람이라도 더 인권을 존중받을 수 있도록 노력해야겠다. '인간답게 사람답게'는 인권으로 끝나는 게 아니라 조화롭게 배려하며 행복을 느끼는 것이 진정한 것인 것 같다.

- 인권에 대해 조금 더 알게 된 것 같고, 다른 사람의 인권도 존중해 주고 이해해 줘야겠다고 생각했다. 그리고 인권을 보장받지 못한 사람들에 대해 생각해 보았고, 인권을 보장받지 못한 사람이 이렇게 많은지 몰랐지만 알게 되었다. 특히 어린이들 중에 인권을 보장받지 못한 사람들은 불쌍한 것 같고, 많이 도와주어야겠다고 생각했다. 내가 행복하게 살고 있다는 것을 깨달았다.

함께 볼만한 책과 영상

어린이는 어린이다

이현 글·박서영 그림 | 해와나무

1989년에 만들어진 '유엔 어린이 권리협약'을 바탕으로 어린이들이 인권을 제대로 누리고 있는지 알려 주는 책이다. '유엔 인권위원회' 아래에 있는 '어린이 감시단'으로 뽑힌 주인공 자람이는 영양실조로 죽어 가는 아이들, 군인이 되어 싸워야 하는 소말리아의 소년병 이야기 같은 여러 가지 인권 침해 사례를 만나게 된다. 다른 나라의 이야기로 생각했던 일이 우리나라에서도 벌어지고 있다는 것도 알게 된다. 인권이 어른만의 이야기가 아니듯, 인권 침해를 당하는 아이들이 우리나라에도 있다는 것을 알게 되면서 아이들은 인권을 자기 이야기로 받아들이게 될 것이다.

EBS 〈지식채널 e〉 '아빠! 어디 가요?' 편

다큐멘터리 〈스마트 탈출 프로젝트〉를 원작으로 한 영상으로, 아이들에게 놀이와 놀이터를 돌려주려는 멋진 어른, 근사한 아빠의 이야기를 담고 있다. 아이들이 숨을 만한 골목과 다 모여서 놀 터가 있었던 동네. 그 동네들은 지금 다 어디로 갔을까? 아이들에게 빼앗은 것은 아니지만 아이들은 분명 빼앗긴 그것, 그것을 돌려주는 일은 아이들만을 위한 것은 아닐 것이다. 놀이터를 '자연'으로 달리 생각해 보면 자연을 살리는 일이 곧 아이들을 살리는 일이 된다.

수업 나누기

아이들은 권리와 의무 가운데 의무를 더 빨리 받아들이고 더 확실히 알고 있다. 아들이나 딸로서 해야 할 일, 누나나 형·동생으로서 해야 할 일을 잘 알고 있다. 물론 학생으로서 해야 할 일에 대해서도 잘 알고 있다. 반면에 누려야 할 권리에 대해서는 잘 모르고 있다. '너희에겐 이런 권리가 있어.'라고 이야기해 주는 사람도, 그런 이야기를 할 곳도 마땅찮다. 그래서 권리에 대해 이야기하고 권리를 찾아 주고 싶었다.

권리에 대해 잘 모르기 때문에 '인권'의 뜻을 먼저 살펴보았다. 인간으로서 누려야 할 기본 권리인 '인권'에 대해 먼저 이야기를 하고 싶어서 어린이 인권을 이야기했다. 인권 이야기는 인권을 제대로 보장받지 못하고 있는 사람에 대한 글과 영상으로 만나는 것으로 풀어냈다. 사람으로서 마땅히 누려야 하는 것을 누리지 못하고 있는 사례를 보면서 알아내는 것은 마음이 아픈 점이 있지만, 어려운 사람에게 관심을 가져야 하는 것 또한 사람으로서의 의무이기 때문이다. 권리와 의무가 이렇게 함께 가는 것이 어느 하나만 강조하는 것보다 바람직한 방향일 것이다.

'전기가 내게 오기까지' 편을 보고 충격을 받은 아이들이 많았다. 생활에 꼭 필요한 전기가 누군가의 인권을 짓밟고 우리에게 온다고 한 번도 생각해 보지 않았기 때문이다. 그렇게 아이들은 자신의 세상이 넓어지는 것을 확인하는 순간을 맞이했다. 그래서인지 이어서 본 그림책 《밀양 큰할매》에 쏙 빠져들었다. 영

상을 보지 않고 그림책만 보았다면 느낄 수 없는 감동을 맛보았고 생각도 깊어졌다. 인권이라는 것은 그렇게 보장해 주다 보면 보장받게 되는 것일지도 모르겠다.

아이들은 사람답게 살기 위해 아주 다양한 것이 필요하다고 했다. 그 기준으로 이 세상을 바라보았을 때 인권을 보장받고 있는 사람들이 많지 않다는 생각이 드는 것들도 있었다. 아이들이 현실을 잘 몰라서 그런 게 아닐 것이다. 이 세상이 인권이 보장되는 따뜻한 곳이라고 믿기 때문일 것이다. 현실을 똑바로 바라보라고 알려 주는 것도 좋지만 '너희들 생각대로 세상을 더 따뜻하고 살 만한 곳으로 만들면 좋겠어.'라고 말해 주어도 좋지 않을까? 그렇게 따뜻한 세상을 그리면서 아이들은 자라고, 이 세상도 조금 더 자라면 좋겠다.

나와 세상을 만나는 온작품읽기 2

사회성을 기르는 그림책 여행

1판 1쇄 발행일 2018년 2월 5일
1판 3쇄 발행일 2021년 5월 17일

지은이 전국초등국어교과모임 연꽃누리

발행인 김학원
발행처 (주)휴머니스트출판그룹
출판등록 제313-2007-000007호(2007년 1월 5일)
주소 (03991) 서울시 마포구 동교로23길 76(연남동)
전화 02-335-4422 **팩스** 02-334-3427
저자·독자 서비스 humanist@humanistbooks.com
홈페이지 www.humanistbooks.com
유튜브 youtube.com/user/humanistma **포스트** post.naver.com/hmcv
페이스북 facebook.com/hmcv2001 **인스타그램** @humanist_insta

편집책임 문성환 **편집** 김사라 **디자인** 최우영 **일러스트** 정아름
용지 화인페이퍼 **인쇄** 청아디앤피 **제본** 정민문화사

ⓒ 전국초등국어교과모임 연꽃누리, 2018

ISBN 979-11-6080-112-5 04370